Yf 9657

OPÉRA,

PAR

M. KERMOYSAN.

Conditions de la Souscription

à

L'ENCYCLOPÉDIE MODERNE.

Cette ENCYCLOPÉDIE, accompagnée de 350 à 360 planches gravées sur acier, formera 25 volumes de texte et 3 volumes de planches.

Elle sera publiée en 300 livraisons, composées chacune de 64 colonnes de texte ou de 32 pages, et de *une* et quelquefois *deux* planches.

La livraison coûte 30 centimes;

Le volume, 3 fr. 60.

L'ouvrage entier coûtera 90 fr.

21 volumes sont en vente.

OPÉRA.

OPÉRA. (*Beaux-Arts.*) On s'est servi du mot opéra comme on a dit la Bible, *Biblion*, le livre, pour désigner l'Écriture Sainte; c'est l'ouvrage par excellence, l'œuvre suprême, celle qui doit réunir les beautés de tous les arts, et offrir, par l'ensemble de leurs merveilles, la dernière expression du génie humain. Les deux mots ont la même signification, à part la différence des choses, que nous sommes loin d'oublier. On nous pardonnera donc cette comparaison, qui n'est qu'un simple rapprochement d'étymologies.

Tel a été en effet le but que se sont proposé les créateurs de l'opéra. Ils ont voulu enchanter l'esprit par les beautés de la poésie en même temps qu'ils ravissaient les sens par le charme de la musique et de la danse et éblouissaient les yeux par le prestige de la décoration. Qui ne connaît ces vers de Voltaire :

> Il faut se rendre à ce palais magique
> Où les beaux vers, la danse et la musique,
> L'art de tromper les yeux par les couleurs,
> L'art, plus heureux, de séduire les cœurs,
> De cent plaisirs font un plaisir unique (1).

On ne saurait mieux définir l'opéra. Toutefois Voltaire a eu tort de dire « les beaux vers », s'il est vrai, comme le prétendent beaucoup de gens, qu'on ne puisse faire de bonne musique sur de beaux vers. C'est, du reste, une opinion reçue dans les conservatoires. Comme si les vers de Quinault, qui n'ont jamais passé pour mauvais, que nous sachions, avaient empêché Gluck d'écrire d'admirable musique sur le poëme d'*Armide* ! Mais les savants, qui ne sont embarrassés de rien, répondent que c'est une exception, qui ne conclut rien contre les règles. Malgré cet exemple, la théorie des mauvais vers n'a pas laissé de prévaloir. On doit cette louange aux auteurs de paroles : ils se sont conformés avec une merveilleuse docilité à la règle posée par MM. les musiciens,

(1) *Le Mondain.*

et ce n'est pas faute de méchants poëtes qu'on a manqué de bons compositeurs.

Les premiers essais d'opéra remontent au commencement du seizième siècle. C'est en Italie naturellement qu'il en faut chercher la trace. On a de l'esprit en France, mais on crée peu : presque toujours les autres pays nous ont précédés ; ce sont eux qui ont ouvert la voie, et si le nôtre a excellé dans les arts, il a rarement donné l'impulsion. On prétend que le premier opéra à peu près digne de ce nom qui ait été composé fut donné à Florence, en l'an 1500. Il était de Galilée, le père du célèbre astronome. L'auteur avait pris pour sujet l'épisode d'Ugolin, dans le poëme du Dante. C'était sans doute bien peu de chose que cet opéra, si l'on songe à *Don Juan* et à *Guillaume Tell*. Il n'en fut pas moins bien reçu. L'Italie et les cardinaux eux-mêmes accueillirent la création du père avec plus de faveur que les découvertes du fils. L'auteur, destinée bien rare pour un inventeur, fut comblé de gloire et d'argent, ce qui était juste, car il est bien de récompenser ceux qui nous amusent; mais ce n'est pas un motif pour mettre en prison ceux qui nous instruisent.

On avait bien depuis environ vingt ans, c'est-à-dire de 1480 à 1500, écrit quelque chose comme un drame en musique; on avait essayé quelques scènes; enfin l'on cherchait ce que Galilée venait de trouver. Le drame représenté à Rome était une sorte d'oratorio joué sous le titre de *la Conversion de saint Paul*. Mais tout cela était si informe, que les auteurs les plus versés dans l'histoire de la musique n'ont pas cru devoir en tenir compte. Tous se sont accordés pour prendre date de l'opéra d'Ugolin. On imagine bien ce que pouvait être la musique alors : ce n'était qu'une mélopée languissante, au moyen de laquelle les auteurs prétendaient reproduire le chant des Grecs, s'il est vrai que les Grecs aient jamais chanté ainsi. Un de nos critiques les plus justement célèbres, M. Fétis, a fait connaître quel était l'état de la musique dans ces premiers temps de l'art. On nous saura gré de le citer.

« L'harmonie, dit-il, devint presque l'unique objet des méditations des musiciens lorsque les formes de l'art commencèrent à se perfectionner. Tout le reste fut négligé : singularité remarquable ! la mélodie, qui devait servir de base à cette harmonie dont on se montrait si avide, fut la dernière chose à quoi l'on pensa. Alors on ne pouvait pas dire que les musiciens composaient ; ils arrangeaient des sons. Quelques misérables cantilènes populaires et le plainchant d'église étaient les seules mélodies qu'on connût ; il n'était pas rare de voir le même chant de cette espèce servir de thème obligé à vingt compositions différentes, et s'appliquer indifféremment à toute espèce de paroles. Nulles traces d'expression, de passion ni d'élévation d'idées ne se faisaient apercevoir dans les messes, les motets et les madrigaux qui virent le jour dans les quinzième et seizième siècles ; que dis-je ? le plus simple bon sens était blessé par des associations monstrueuses d'idées qu'on rencontrait dans la plupart des œuvres de musique. Qui pourrait croire aujourd'hui que beaucoup de compositeurs célèbres de cette époque choisissaient pour thèmes de leur musique sacrée les mélodies des chansons les plus grivoises, et qu'ils poussaient la folie jusqu'à choisir pour titre de leurs ouvrages les premiers mots de ces chansons ? Ainsi l'on voyait le maitre de chapelle du Vatican demander respectueusement au pape s'il voulait qu'on chantât la messe : *Baisez-moi, ma mie*, ou le magnificat *Margot dans un jardin*. La forme harmonique absorbait alors toutes les facultés des artistes ; peut-être leur erreur fut-elle un bien, car il fallait qu'on s'occupât de créer les ressources matérielles de l'art avant de songer à en régler l'emploi (1). »

Tous les opéras joués jusqu'au milieu du dix-septième siècle étaient cependant conçus dans ce système, et ne laissaient pas de récréer les auditeurs. Les plus célèbres sont la *Daphné* et l'*Eurydice* de Péri, représentés, en 1590, à Florence. Cette ville, berceau de l'opéra, avait conservé sur ce point une supériorité qu'on ne cherchait pas à lui contester. Ce n'est que vers 1630 que la triste psalmodie qui avait charmé les contemporains de Galilée et de Péri commença à disparaître pour faire place à des accents plus passionnés et à cette variété de mouvements aussi nécessaire dans la musique que la variété des nuances et des couleurs est nécessaire dans la peinture. Ces accents, c'est à Monteverde qu'il avait été réservé de les faire entendre pour la première fois. Son opéra d'*Orphée et Eurydice* donna le signal de la révolution. Ce grand homme, le Gluck de son époque, venait de créer la musique dramatique, comme Gallilée avait créé l'Opéra.

(1) *Revue musicale*, numéro du samedi 14 avril 1832.

Tandis que les artistes italiens, s'empressant à l'envi sur ses traces, ajoutaient un fleuron à cette couronne des arts, pendant si longtemps la gloire et l'orgueil de leur patrie, la France et l'Allemagne, occupées à se détruire depuis un demi-siècle, en proie à toutes les horreurs de la guerre civile et de la guerre étrangère, étaient loin de songer à ces amusements qui n'ont que le frivole avantage de contribuer à la douceur de la vie, sans avoir jamais causé de massacre ni apporté le moindre trouble dans les relations des citoyens entre eux. Cependant il avait été question de musique sous Charles IX et sous Henri III. Il y avait même sous Henri III des musiciens de la chambre du roi. On verra plus bas ce qu'étaient encore ces musiciens cinquante ans plus tard. Un écrivain, compositeur également distingué, M. Dieudonné Denne-Baron, dans un excellent travail sur l'histoire de la musique en France, dit qu'on ne connaissait à cette époque, en fait de représentations théâtrales, que des pièces ou plutôt des scènes burlesques, dans lesquelles la musique n'entrait que comme intermède.

« Telles étaient, ajoute-t-il, celles que jouait en 1577, à l'hôtel du Petit-Bourbon, la première troupe de comédiens italiens qui parut en France, et qu'on appelait *Gelosi*. On payait quatre sous d'entrée par personne à ce spectacle. En 1581 une espèce de drame musical, dans lequel figurèrent les personnages les plus marquants de la cour, fut représenté au Louvre, à l'occasion du mariage du duc de Joyeuse, favori de Henri III, avec madame de Vaudemont, belle-sœur du roi. Baltazarini, musicien piémontais, envoyé par le maréchal de Brissac à Catherine de Médicis, et que cette princesse nomma surintendant de sa musique, fut chargé d'organiser cette fête. Il traça le plan de la scène. Beaulieu et Salmon, musiciens de la chambre du roi, composèrent la plupart des chants et des airs de danse. Cette pièce produisit un effet merveilleux sur les spectateurs, et reçut le nom de *Ballet comique de la Royne*. Bien que ce premier essai de musique dramatique, où l'on trouve le germe de l'opéra, ait dû mettre sur la voie de ce genre de spectacle, on verra que près d'un siècle devait cependant s'écouler avant que l'opéra eût une existence réelle en France. »

En effet, jusqu'en 1647 il ne fut nullement question d'opéra parmi nous. Ce n'est qu'à cette époque que le cardinal Mazarin, amateur passionné de musique, en sa qualité d'Italien, voulut faire jouir les Français de ce genre de spectacle. Mais on ne s'habitue pas aisément à ce qui est nouveau dans notre pays. Ses efforts ne réussirent pas. Voltaire, dans son *Dictionnaire philosophique*, en a raconté le succès avec ce tour piquant et cette grâce facile dont il n'a pas paru jusqu'ici qu'il ait révélé le secret à personne. On ne sera pas surpris que nous le laissions parler. C'est d'ailleurs l'histoire des commencements de l'opéra en France.

« C'est à deux cardinaux, dit-il, que la tragédie et l'opéra doivent leur établissement en France ; car ce fut sous Richelieu que Corneille fit son apprentissage, parmi les cinq auteurs que ce ministre faisait travailler, comme des commis, aux drames dont il formait le plan, et où il glissait souvent nombre de très-mauvais vers de sa façon ; et ce fut lui encore qui, ayant persécuté *le Cid*, eut le bonheur d'inspirer à Corneille ce noble dépit et cette généreuse opiniâtreté qui lui firent composer les admirables scènes des *Horaces* et de *Cinna*.

« Le cardinal Mazarin fit connaître aux Français l'opéra, qui ne fut d'abord que ridicule, quoique le ministre n'y travaillât point.

« Ce fut en 1647 qu'il fit venir pour la première fois une troupe entière de musiciens italiens, des décorateurs et un orchestre : on représenta au Louvre la tragi-comédie d'*Orphée* en vers italiens et en musique : ce spectacle ennuya tout Paris. Très-peu de gens entendaient l'italien ; presque personne ne savait la musique, et tout le monde haïssait le cardinal : cette fête, qui coûta beaucoup d'argent, fut sifflée ; et bientôt après les plaisants de ce temps-là « firent le grand ballet, et le branle de la fuite de « Mazarin, dansé sur le théâtre de la France « par lui-même et ses adhérents. » Voilà toute la récompense qu'il eut d'avoir voulu plaire à la nation.

« Avant lui on avait eu des ballets en France dès le commencement du seizième siècle : et dans ces ballets il y avait toujours eu quelque musique d'une ou deux voix, quelquefois accompagnées de chœurs, qui n'étaient guère autre chose qu'un plain-chant grégorien. Les filles d'Achéloüs, les sirènes, avaient chanté en 1582 aux noces du duc de Joyeuse, » (c'est le *Ballet de la Royne*, dont nous avons parlé), « mais c'étaient d'étranges sirènes.

« Le cardinal Mazarin ne se rebuta pas du mauvais succès de son opéra italien ; et lorsqu'il fut tout-puissant il fit revenir ses musiciens italiens, qui chantèrent *le Nozze di Peleo e di Tetide*, en trois actes, en 1654. Louis XIV y dansa ; la nation fut charmée de voir son roi, jeune, d'une taille majestueuse et d'une figure aussi aimable que noble, danser dans sa capitale après en avoir été chassé ; mais l'opéra du cardinal n'ennuya pas moins Paris pour la seconde fois.

« Mazarin persista ; il fit venir en 1660 le signor Cavalli, qui donna dans la grande galerie du Louvre l'opéra de *Xerxès*, en cinq actes : les Français bâillèrent plus que jamais, et se crurent délivrés de l'opéra italien par la mort de Mazarin, qui donna lieu en 1661 à mille épitaphes ridicules, et à presque autant de chansons qu'on en avait fait contre lui pendant sa vie.

« Cependant les Français voulaient aussi dès ce temps-là même avoir un opéra dans leur langue, quoiqu'il n'y eût pas un seul homme dans le pays qui sût faire un trio, ou jouer passablement du violon ; et dès l'année 1659 un abbé Perrin, qui croyait faire des vers, et un Cambert, intendant de douze violons de la reine-mère, qu'on appelait *la musique de France*, firent chanter dans le village d'Issi une pastorale qui, en fait d'ennui, l'emportait sur les *Hercole amante* et sur les *Nozze di Peleo*.

« En 1669 le même abbé Perrin et le même Cambert s'associèrent avec un marquis de Sourdeac, grand machiniste, qui n'était pas absolument fou, mais dont la raison était très-particulière, et qui se ruina dans cette entreprise. Enfin Lulli, violon de Mademoiselle, devenu surintendant de la musique du roi, s'empara du jeu de paume, qui avait ruiné le marquis de Sourdeac. L'abbé Perrin, inruinable, se consola dans Paris à faire des élégies et des sonnets, et même à traduire l'*Énéide* de Virgile en vers qu'il disait héroïques.

« On trouve son nom souvent dans les *Satires* de Boileau, qui avait grand tort de l'accabler ; car il ne faut se moquer ni de ceux qui font du bon, ni de ceux qui font du très-mauvais, mais de ceux qui étant médiocres se croient des génies et font les importants.

« Pour Cambert, il quitta la France de dépit, et alla faire exécuter sa détestable musique chez les Anglais, qui la trouvèrent excellente.

« Lulli, qu'on appela bientôt *monsieur de Lulli*, s'associa très-habilement avec Quinault, dont il sentait tout le mérite, et qu'on n'appela jamais *monsieur de Quinault*. Il donna dans son jeu de paume du Bel-Air, en 1672, *les Fêtes de l'Amour et de Bacchus*, composées par ce poète aimable ; mais ni les vers ni la musique ne furent dignes de la réputation qu'ils acquirent depuis ; les connaisseurs seulement estimèrent beaucoup une traduction de l'ode charmante d'Horace :

Donec gratus eram tibi,
Nec quisquam potior brachia candidæ
Cervici juvenis dabat,
Persarum vigui rege beatior.

« Cette ode en effet est très-gracieusement rendue en français ; mais la musique en est un peu languissante.

« Il y eut des bouffonneries dans cet opéra, ainsi que dans *Cadmus* et dans *Alceste*. Ce mauvais goût régnait à la cour dans les ballets, et les opéras italiens étaient remplis d'arlequinades. Quinault ne dédaigna pas de s'abaisser jusqu'à ces platitudes :

Tu fais la grimace en pleurant,
Je ne puis m'empêcher de rire.

. . . .
Ah ! vraiment je vous trouve bonne,
Est-ce à vous, petite mignonne,
De reprendre ce que je dis ?

. . . .
Mes pauvres compagnons, hélas !
Le dragon n'en a fait qu'un fort léger repas.

. . . .
Le dragon étendu ne fait-il point le mort (1) ?

« Mais dans ces deux opéras d'*Alceste* et de *Cadmus* Quinault sut insérer des morceaux admirables de poésie. Lulli sut un peu les rendre en accommodant son génie à celui de la

(1) Ces vers sont de l'opéra de *Cadmus*, acte II, scèn. 1 et 3 ; act. 3, sc. 3 et 4.

langue française; et comme il était d'ailleurs très-plaisant, très-débauché, adroit, intéressé, bon courtisan, et par conséquent aimé des grands, et que Quinault n'était que doux et modeste, il tira toute la gloire à lui. Il fit accroire que Quinault était son garçon poëte, qu'il dirigeait, et qui sans lui ne serait connu que par les *Satires* de Boileau. Quinault, avec tout son mérite, resta donc en proie aux injures de Boileau et à la protection de Lulli.

« Cependant rien n'est plus beau, ni même plus sublime, que ce chœur des suivants de Pluton dans *Alceste* :

> Tout mortel ici doit paraître.
> On ne peut naître
> Que pour mourir,
> De cent maux le trépas délivre :
> Qui cherche à vivre
> Cherche à souffrir.
> . . . .
> Est-on sage
> De fuir ce passage?
> C'est un orage
> Qui mène au port...
> Plaintes, cris, larmes,
> Tout est sans armes
> Contre la mort (1).

« Le discours que tient Hercule à Pluton paraît digne de la grandeur du sujet.

> Si c'est le faire outrage
> D'entrer de force à ta cour,
> Pardonne à mon courage,
> Et fais grâce à l'amour (2).

« La charmante tragédie d'*Atys*, les beautés, ou nobles, ou délicates, ou naïves, répandues dans les pièces suivantes, auraient dû mettre le comble à la gloire de Quinault, et ne firent qu'augmenter celle de Lulli, qui fut regardé comme le dieu de la musique. Il avait en effet le rare talent de la déclamation : il sentit de bonne heure que la langue française étant la seule qui eût l'avantage des rimes masculines et féminines, il fallait la déclamer en musique différemment de l'italien. Lulli inventa le seul récitatif qui convînt à la nation, et ce récitatif ne pouvait avoir d'autre mérite que celui de rendre fidèlement les paroles. Il fallait encore des acteurs, il s'en forma; c'était Quinault qui souvent les exerçait, et leur donnait l'esprit du rôle et l'âme du chant. Boileau dit (3) que les vers de Quinault étaient des

> Lieux communs de morale lubrique
> Que Lulli réchauffa du feu de sa musique.

« C'était au contraire Quinault qui réchauffait Lulli. Le récitatif ne peut être bon qu'autant que les vers le sont : cela est si vrai qu'à peine depuis le temps de ces deux hommes, faits l'un pour l'autre, y eut-il à l'Opéra cinq ou six scènes de récitatif tolérables.

« Les ariettes de Lulli furent très-faibles; c'étaient des *barcarolles* de Venise. Il fallait pour ces petits airs des chansonnettes d'amour aussi molles que les notes. Lulli composait d'abord les airs de tous ces divertissements; le poëte y assujettissait les paroles. Lulli forçait Quinault d'être insipide; mais les morceaux vraiment

(1) Acte IV, sc. 3.
(2) Acte IV, sc. 6.
(3) Sat. X.

poétiques de Quinault n'étaient certainement pas des lieux communs de morale lubrique. Y a-t-il beaucoup d'odes de Pindare plus fières et plus harmonieuses que ce couplet de l'opéra de *Proserpine* :

> Les superbes géants armés contre les dieux
> Ne nous donnent plus d'épouvante;
> Ils sont ensevelis sous la masse pesante
> Des monts qu'ils entassaient pour attaquer les cieux.
> Nous avons vu tomber leur chef audacieux
> Sous une montagne brûlante;
> Jupiter l'a contraint de vomir à nos yeux
> Les restes enflammés de sa rage mourante;
> Jupiter est victorieux,
> Et tout cède à l'effort de sa main foudroyante.
> Goûtons dans ces aimables lieux
> Les douceurs d'une paix charmante (1).

« L'avocat Brossette a beau dire, l'ode sur la prise de Namur, « avec ses monceaux de piques, de corps morts, de rocs, de briques, » est aussi mauvaise que ces vers de Quinault sont bien faits. Le sévère auteur de l'*Art poétique*, si supérieur dans son seul genre, devait être plus juste envers un homme supérieur aussi dans le sien; homme d'ailleurs aimable dans la société, homme qui n'offensa jamais personne, et qui humilia Boileau en ne lui répondant point.

« Enfin, le quatrième acte de *Roland* et toute la tragédie d'*Armide* furent des chefs-d'œuvre de la part du poëte, et le récitatif du musicien sembla même en approcher. Ce fut pour l'Arioste et pour le Tasse, dont ces deux opéras sont tirés, le plus bel hommage qu'on leur ait jamais rendu (2). »

Voltaire a dit que la représentation donnée en 1647 sous les auspices du cardinal Mazarin avait ennuyé tout Paris. Cela peut être vrai de la ville, qui avait son franc-parler et à qui le ministre voulait bien laisser la liberté de chanter, et même de siffler, pourvu qu'elle payât. Mais s'il suffisait à la ville que le ministre aimât l'opéra pour qu'on y bâillât, c'était plus qu'il n'en fallait à la cour pour exciter l'enthousiasme. On fut donc ou l'on se déclara émerveillé. Tous les dieux de l'Olympe étaient descendus sur la terre à la voix du ministre. C'est du moins ce que prétend une sorte d'historiographe de la cour, lequel s'est chargé de peindre les transports de l'illustre assemblée à la vue de ces magnificences toutes nouvelles, et en entendant ces divins accords, dont l'harmonie frappait pour la première fois ses oreilles. Le morceau est curieux, et peut donner une idée de la manière dont les journalistes du temps entendaient le compte-rendu d'un opéra. On y peut voir aussi quels progrès ont été faits depuis dans cette partie importante de la littérature.

« C'est la semaine dernière, dit notre critique, qu'eut lieu dans le Palais-Royal, devant leurs

(1) Act. I, sc. 1.
(2) Voltaire, *Dictionnaire philosophique*, article ART DRAMATIQUE.

majestés, la représentation de la tragi-comédie d'*Orphée*, en musique et en vers italiens, avec les merveilleux changements de théâtre, les machines et autres inventions jusqu'à présent inconnues en France.

« C'étoient les aventures d'Orphée, enrichies, outre ce qu'en disent les poëtes anciens, d'entrées magnifiques, et d'une continue musique d'instruments et de voix, où tous les personnages chantoient avec un perpétuel ravissement des auditeurs, ne sachant lequel admirer le plus, ou la grâce et la voix harmonieuse de ceux qui les récitoient, ou la magnificence de leurs habits; car pour la variété des scènes, les divers ornements du théâtre, et la nouveauté des machines, ils passoient toute admiration.

« L'action fut ouverte *par deux gros d'infanterie*, armés de pied en cap, lesquels, ayant assez combattu pour montrer qu'ils n'étoient pas d'accord, mais non jusqu'à ennuyer la compagnie par leurs chamailles et le cliquetis de leurs armes, représentoient deux partis dont l'un attaquoit et l'autre défendoit une place enfin prise par les François. La victoire, s'inclinant, à son ordinaire, du côté de la France, descendit du ciel et parut en l'air. Nul des spectateurs ne pouvoit comprendre comment elle et son char triomphant y demeuroient assez longtemps suspendus pour réciter les airs mélodieux qu'elle chanta en l'honneur des armes du roi et de la sage conduite de la reine, ce qui servit de prologue à cette pièce. »

Après deux ou trois pages écrites de ce style, nous venons enfin au sujet de l'opéra et à la musique qui accompagnait les paroles.

« Ces airs, continue le narrateur, étoient si mélodieusement chantés, qu'encore que les beaux vers italiens, desquels toute la pièce étoit composée, fussent continuellement chantés, la musique en étoit si fort diversifiée et ravissoit tellement les oreilles, que sa variété donnoit autant de divers transports aux esprits qu'il se trouvoit de matières différentes. Tant s'en faut que cette conformité de chants qui lasse les esprits se rencontrât en aucun des chefs-d'œuvre de cet excellent art de musique. Aussi l'artifice en étoit si admirable et si peu imitable par aucun autre que celui qui en étoit l'auteur, que le son se trouvoit toujours accordant avec son sujet, soit qu'il fût plaintif ou joyeux, ou qu'il exprimât quelque autre passion, de sorte que ce n'a pas été la moindre merveille de cette action, que tout y étant récité en chantant, *qui est le signe ordinaire de l'allégresse*, la musique y étoit si bien appropriée aux choses qu'elle n'exprimoit pas moins que les vers toutes les affections de ceux qui les récitoient, témoin la tristesse, les regrets, le désespoir d'Aristée.

« Vénus est descendue du ciel en compagnie des Grâces et de Cupidon. Le petit dieu malin se moque d'Aristée et de tous les autres amoureux qui le font auteur de leurs mésaventures, l'accusant de ce qu'ils doivent attribuer à leurs passions déréglées : ce que l'une des Grâces confirme par un air digne du nom qu'elle porte. Aristée, voyant qu'il ne peut fléchir l'Amour, s'adresse à sa mère, et la prie à genoux de lui donner Eurydice pour femme. Le satyre, qui veut toujours être de la partie, prie Vénus de lui ôter sa femme, dont il est las. Mais Vénus, se moquant de ce bouquin, vu qu'elle est née pour faire croître le monde et non pour le dépeupler, promet à Aristée de lui rendre Eurydice favorable; et pour y parvenir lui fait entendre qu'il néglige trop sa personne. A quoi lui accordant, elle occupe les Grâces *à le friser, poudrer, ajuster à la mode*. La cinquième scène se passa en cet ajustement que firent les Grâces, chantant la différence qui se trouve entre la propreté et la négligence pour laquelle plaidoit le satyre, lequel ayant importuné les Grâces de le friser et poudrer aussi, elles lui font mille maux, en peignant rudement ses cheveux mêlés, ce qui les met mal ensemble.

« La douzième scène du second acte, qui représentoit le palais du Soleil, fut remplie des regrets d'Apollon, pour n'être pas descendu du ciel assez tôt au secours d'Eurydice, mêlés à ceux des nymphes de la *pauvre défunte*, qui pleuroient si amèrement sa perte, que leurs larmes furent accompagnées de celles des spectateurs, auxquels cette triste aventure ne sembloit plus une fable, et eût été encore plainte davantage, tant étoit puissante et propre à porter du côté qu'elle vouloit les mouvements et indications de l'esprit et du corps, la force de cette musique vocale jointe à celle des instruments, qui tiroient l'âme par les oreilles de tous les spectateurs; tandis que le Soleil, ainsi descendu des cieux dans son char flamboyant, parcourant les signes du zodiaque et venant illuminer ces agréables parterres et les allées à perte de vue de son spacieux jardin, excitoit un doux murmure d'acclamations dans tout l'amphithéâtre, rempli de leurs majestés, des princes, princesses, grands seigneurs et dames de cette cour, et des principales personnes des corps et compagnies souveraines de cette ville; nul ne pouvant assez admirer à son gré la belle disposition de tant d'or, d'escarboucles et de brillants dont ce char lumineux était éclairé, l'artifice de la machine qui le faisoit descendre du ciel, et biaiser par les douze maisons, rendant croyable ce que nous raconte l'antiquité romaine de ce ciel de Marcus Scaurus, dans lequel il voyoit lever sur sa tête et coucher sous ses pieds le soleil.

« Dans la troisième scène du troisième acte la terre tremble; Aristée voit l'ombre d'Eurydice, qui en sort tenant un serpent à la main, accompagnée de la fumée et des tourbillons de feu qui environnent les mânes lorsqu'ils se veulent rendre affreux. Cette ombre lui reproche son crime d'avoir voulu l'enlever et forcer sa pudicité; duquel spectre il est tellement épouvanté, qu'il en devient furieux, et entonne une musique pareille (une musique furieuse apparemment).

« Cette *forcénerie* emplit la quatrième scène, en laquelle Aristée, rencontrant Mome et le satyre qui se divertissoient par une chanson de joie, leur dit et fit tant d'extravagances que sa furie, qui les devoit attrister, par un effet contraire, leur donna mille passe-temps.

« En la huitième scène, Pluton reprend le nautonnier Caron, qui paroit son aviron sur l'épaule, d'avoir passé Orphée, et enjoint de le repasser. Caron dit avoir été charmé de la lyre de *ce chantre*. Mais le soupçon et la jalousie pressent tellement Proserpine, que Pluton se rend à ses cajoleries, secondées par tout le chœur des lutins.

« Orphée est donc introduit par Caron, et chante si bien, qu'il émeut Pluton à lui rendre son Eurydice, à condition qu'il ne la regardera point qu'elle ne soit hors de l'empire des morts de quoi Orphée ayant remercié Pluton, il s'en retourne avec son Eurydice, qui le suit, et Proserpine s'en réjouit; de sorte qu'elle ordonne une danse générale de tous les démons. Cette danse fut une des choses les plus divertissantes de toute l'action; car ils parurent sous la forme de bucentaures, de hiboux, de tortues, d'escargots et de plusieurs autres animaux étranges et monstres hideux, dansèrent au son des cornets à bouquin, avec des pas extravagants et une musique de même.

« Dans la douzième scène, Orphée s'entretient de plusieurs airs lugubres sur sa lyre, qu'il touche si mélodieusement qu'à son harmonie suave, à la douceur de sa voix, il fait mouvoir les rochers, danser les arbres et les animaux les plus farouches; de sorte qu'on vit des lions, des panthères et autres bêtes furieuses venir sauter sur le théâtre à l'entour de lui.

« La treizième représentait un autre grand bocage borné par la mer, par laquelle Vénus, arrivant dans une conque marine et trouvant Bacchus qui dansoit avec ses bacchantes, ayant chacune des sonnettes aux pieds, un tambour de basque en une main, une bouteille dans l'autre, elle lui raconte la mort de son fils Aristée, causée par les rigueurs d'Eurydice, femme d'Orphée. Ce qui le met en telle fureur, qu'il envoie ses bacchantes enivrées pour le tuer, comme elles firent.

« En la dernière scène Jupiter paraît au ciel avec les autres dieux dans un nuage, d'où il décerne l'immortalité à la lyre d'Orphée, et lui assigne une place entre les étoiles du firmament. Sur quoi les acteurs font retentir le théâtre d'un hymne mélodieux, dont le sens étoit que la vertu parfaite se doit entièrement détacher de la terre et n'attendre sa récompense que du ciel.

« Voilà le fidèle rapport de ce qui s'est passé en cette action; mais le principal y manque, qui est de voir ce sujet animé par l'organe de ses acteurs, et par leurs gestes, qui l'exprimoient si parfaitement, qu'ils se pouvoient faire entendre de ceux qui n'avoient aucune connoissance de leur langue. Le roi y apporta aussi tant d'attention, qu'encore que sa majesté l'eût déjà vue deux fois, elle y voulut encore assister cette troisième, n'ayant donné aucun témoignage de s'y ennuyer. Mais ce qui rend cette pièce encore plus considérable, et l'a fait approuver par les plus rudes censeurs de la comédie, c'est que la vertu l'emporte toujours au-dessus du vice, nonobstant les traverses qui s'y opposent, Orphée et Eurydice n'ayant pas seulement été constants dans leurs chastes amours, malgré les efforts de Vénus et de Bacchus; les deux plus puissants auteurs de débauches, mais l'Amour même ayant résisté à sa mère pour ne les vouloir induire à fausser la fidélité conjugale. Aussi ne falloit-il pas attendre autre chose que des moralités honnêtes et instructives et au bien d'une action honorée de la présence d'une si sage et pieuse reine qu'est la nôtre. »

Tout cela était en effet fort beau. Mais par un contraste assez bizarre, et qu'un philosophe ne manquerait pas de signaler, il n'y eut, ainsi qu'il a été dit plus haut, que la cour qui ne s'ennuya pas d'entendre des moralités honnêtes et instructives au bien. La ville, plus endurcie dans le mal, s'obstina à siffler, et pour assez longtemps encore on dut renoncer à l'espoir de lui enseigner la vertu par le moyen de l'opéra. A l'exception de l'*Andromède* de Corneille, donnée en 1650, on ne voit pas qu'aucun opéra ait été représenté jusqu'en l'année 1669. Encore cette *Andromède* n'eut-elle aucun succès. Elle ne réussit que trente ans plus tard, en 1682, à la reprise, à cause des ailes de Pégase, lesquelles, si l'on en croit un contemporain, « se déployaient et se mouvaient comme des ailes naturelles ». Les bons Parisiens furent si étonnés de cette merveille, que le billet de parterre ne se vendait pas moins d'un louis. Et l'on sait quelle était la valeur d'un louis en 1682.

Ce fut donc en l'année 1669 que l'abbé Perrin, uni à Cambert et au marquis de Sourdeac, conçut le projet de doter enfin la ville de Paris d'un Opéra permanent. Ils obtinrent un privilège à cet effet, s'établirent rue Guénégaud, dans un jeu de paume appelé le jeu de paume de la Bouteille, et donnèrent en 1671 la pastorale de *Pomone* et *les Peines et les Plaisirs de l'amour*, plaisirs qui cette fois plurent à la ville aussi bien qu'à la cour.

Jusque-là tout allait au mieux; mais ce bonheur ne fut pas de longue durée, les trois directeurs se divisèrent. Il paraît qu'en fait de folie ils n'étaient pas pour se rien reprocher l'un à l'autre. Pomone ne tarda pas à être représentée dans le désert, et il advint du théâtre de l'abbé Perrin ce qui doit advenir au bout de six mois, naturellement, de toute entreprise dirigée par un poëte, un musicien, ou un machiniste séparés, à plus forte raison réunis. Tandis qu'ils se disputaient pour savoir à qui chasserait les deux autres, survint un nouveau personnage, qui, se glissant parmi eux, remplit l'office de ce troisième larron dont parle La Fontaine. C'était Lulli, un peu plus tard M. de Lulli, comme dit Voltaire, bien qu'il eût commencé par être marmiton dans les cuisines de Mademoiselle, fille du duc d'Orléans, et célèbre par ses grandes actions dans la guerre de la Fronde. Il était bien en cour. Il comprit admirablement quel parti il pourrait tirer pour sa gloire et sa fortune de l'entreprise de l'Opéra; et comme rien n'est plus aisé lorsqu'on est bien en cour que de s'emparer de ce qui appartient à autrui, il se fit faire des lettres patentes, signées Louis et plus bas Colbert, lesquelles lui attribuent en toute propriété le privilège de l'Académie royale de Musique, ainsi nommée dans l'ordonnance, à l'exclusion des sieurs Perrin, Cambert et Sourdeac, titulaires dépossédés. On stipulait en leur faveur quelque chose comme une indemnité, que Lulli eut bien soin de ne pas payer, les autres n'ayant pas en cour assez de crédit pour l'y contraindre.

Ces lettres patentes sont connues de tout le monde. Elles furent délivrées à Lulli le 29 mars 1672. La fondation de l'Opéra date réellement de ce jour. C'est cette fameuse ordonnance, rédigée en termes dont la majesté convient au sujet, *amplissimis verbis*, pour parler comme Cicéron, et où il est dit :

« Que les sciences et les arts étant les ornements les plus considérables des États, le roi n'a point de plus agréable divertissement depuis qu'il a donné la paix à ses peuples, que de les faire revivre en appelant auprès de lui tous ceux qui se sont acquis la réputation d'y exceller, non-seulement dans l'étendue de son royaume, mais aussi dans les pays étrangers.

« Pour les obliger davantage à s'y perfectionner, dit sa majesté, nous les avons honorés des marques de notre estime et de notre bienveillance ; et comme entre les arts libéraux la musique y tient un des premiers rangs, nous avions, dans ce dessein de la faire réussir avec tous ses avantages, par nos lettres patentes du 28 juin 1669, accordé au sieur Perrin une permission d'établir en notre bonne ville de Paris et autres de notre royaume des académies de musique, pour chanter en public des pièces de théâtre, comme il se pratique en Italie, en Allemagne et en Angleterre, pendant l'espace de douze années; mais ayant été informé que les peines et les soins que ledit sieur Perrin a pris pour cet établissement n'ont pu seconder pleinement notre intention, et élever la musique au point que nous nous étions promis, nous avons cru, pour y mieux réussir, qu'il étoit à propos d'en donner la conduite à une personne dont l'expérience et la capacité nous fussent connues, et qui eût assez de suffisance pour former des élèves, tant pour bien chanter et actionner sur le théâtre, qu'à dresser des bandes de violons, flûtes et autres instruments. A ces causes, bien informé de l'intelligence et grande connoissance que s'est acquises notre cher et bien amé Jean-Baptiste Lulli au fait de la musique, dont il nous a donné et donne journellement de très-agréables preuves depuis plusieurs années qu'il s'est attaché à notre service..., nous avons audit sieur Lulli permis et accordé, permettons et accordons par ces présentes signées de notre main, d'établir une Académie royale de Musique dans notre bonne ville de Paris, qui sera composée de tel nombre et quantité de personnes qu'il avisera bon être, que nous choisirons et arrêterons sur le rapport qu'il nous en fera pour faire des représentations devant nous, quand il nous plaira, des pièces de musique qui seront composées tant en vers françois qu'autres langues étrangères.... Et pour le dédommager des grands frais qu'il convient de faire pour lesdites représentations, nous lui permettons de donner au public toutes les pièces qu'il aura composées, même celles qui auront été représentées devant nous ; faisant très-expresse inhibition et défense à toutes personnes de quelque qualité et condition qu'elles soient, même aux officiers de notre maison, d'y entrer sans payer. Voulons et nous plaît que tous gentilshommes et demoiselles puissent chanter auxdites pièces et représentations de notredite Académie royale de Musique, sans que pour ce ils soient censés déroger audit titre de noblesse, ni à leurs privilèges, charges, droits et immunités.... Le donnons en mandement à nos amés et féaux conseillers, les gens tenant notre cour de parlement, etc., etc., etc., car tel est notre plaisir, afin que ce soit chose ferme et stable à toujours. »

On vient de voir quels avaient été les commencements de Lulli. Il était né dans les environs de Florence de pauvres campagnards, qui n'avaient guère de quoi le nourrir. Il fut rencontré par le chevalier de Guise, sur la grande route, exerçant à peu près le métier de Sixte-Quint dans son enfance. M. de Guise était alors notre ambassadeur à Rome. Frappé de la vivacité de l'enfant et de son air éveillé, il lui demanda s'il ne serait pas satisfait de venir avec lui à Paris, proposition agréée aussitôt par le petit bon homme, qui ne donna pas à M. de Guise la peine de la lui répéter. Arrivé à Paris, M. de Guise le présenta à Mademoiselle, laquelle, avec cette perspicacité particulière à beaucoup de grands personnages, jugea qu'un enfant doué de si heureuses dispositions ne pouvait que réussir à merveille dans les cuisines, où elle l'envoya en la qualité que nous avons dite. Lulli jouait un peu du violon. Le soir, après les devoirs de sa charge remplis, il s'exerçait, à la grande joie de ses camarades, qui rendirent bientôt son nom célèbre dans tout l'hôtel. Ce n'était pas une chose commune à cette époque que de jouer du violon, et même d'en très-mal jouer. Sa réputation ne tarda pas à franchir le seuil de l'office pour monter jusqu'à l'antichambre et pénétrer de là dans les appartements. Elle vint aux oreilles de Mademoiselle, qui, ayant voulu entendre le petit musicien, répara noblement son erreur en lui faisant donner des maîtres. Ce fut son premier pas dans la carrière où il devait s'illustrer.

Il ne lui fallut ni beaucoup de temps ni beaucoup de peine pour surpasser ceux qui lui donnaient des leçons, et arriver à un talent unique pour l'époque. Ce talent lui ouvrit accès dans la maison des grands. Il n'en restait pas moins attaché à celle de Mademoiselle, lorsqu'une aventure assez plaisante, mais qui ne saurait être racontée en termes décents, l'en fit sortir, circonstance heureuse pour lui, car c'est par suite de cette disgrâce que, tourtant ses regards vers la cour, il parvint à s'insinuer jusque dans la chambre du roi. L'orchestre ordinaire de la cour était composé alors de vingt-quatre misérables racleurs, qu'on appelait les *grands violons* du roi, artistes éminents, ayant tous acheté à beaux deniers comptant le droit d'écorcher les oreilles de Sa Majesté, et dont pas un ne pouvait exécuter la plus simple partie sans l'avoir annoncée assidûment pendant trois ou quatre mois. On les aurait bien renvoyés ; mais il fallait leur rendre leur argent, ce qui était une difficulté, et ce qui d'ailleurs n'est pas d'usage. On aima mieux créer une nouvelle troupe. Cette troupe, mise sous les ordres de Lulli, qui fut chargé du soin de l'exercer et de la conduire, est celle que l'on nomma depuis la bande des petits violons. C'est donc à Lulli qu'appartient l'honneur d'avoir formé le premier orchestre relativement assez passable qui ait été entendu en France.

Il devait avoir nécessairement de grands succès sur ce nouveau théâtre. Boileau a dit de lui que c'était un coquin ténébreux (1). Nous croyons qu'il y a de l'exagération dans ce jugement. Ténébreux est de trop, l'autre mot aurait suffi ; d'autant plus que ce ne sont pas précisément les coquins ténébreux qui font leur chemin à la cour : ce sont les coquins amusants, ceux dont les vices plaisent au lieu d'effrayer, qui savent à propos égayer le maître et se rendre nécessaires à la faveur de cette facilité bouffonne qui fait qu'en les méprisant on a besoin de les avoir auprès de soi. Il paraît que Lulli n'avait pas d'égal dans cet art. Il suffit, pour juger de ce qu'il a pu être, d'examiner son buste placé au foyer de l'Opéra. Ce buste est un chef-d'œuvre. L'artiste n'a pas seulement reproduit la figure de son modèle ; il en a saisi et rendu toute la nature morale. Il y a du Scapin dans cette figure à la fois commune, spirituelle et effrontée. On y sent le courtisan rompu à toutes les souplesses du métier ; un homme fait pour réussir même sans talent, et il en avait beaucoup. Ses récitatifs ont été célèbres pendant longtemps. Il est le premier qui leur ait donné une expression conforme aux sentiments qu'il avait à peindre, en même temps qu'il a su les approprier, en ce qui touche les lois de son art, au génie de notre langue. Il s'est rapproché sur ce point des Gluck, des Sacchini, etc., et de tous ces grands maîtres qui jusqu'à l'auteur de *la Vestale*, l'illustre Spontini, ont si bien prouvé que ce prétendu défaut d'accent et de sonorité reproché à la langue française n'empêche pas plus d'écrire de belle musique, lorsqu'on a du génie, qu'il n'empêche de faire de beaux vers quand on est doué comme Racine ou La Fontaine. Aussi a-t-on appelé Lulli l'inventeur du récitatif français. Le public en France était très-fier de ce récitatif, regardé en quelque sorte comme une découverte du génie national. Il est certain que plusieurs de ces récits et même quelques-uns des airs de Lulli produisent encore de l'effet. On exécuta il y a quelques années une scène d'*Alceste* au Conservatoire. Le public fut très-frappé de la vérité d'expression répandue dans cette scène. Il y a en effet fort loin de ce morceau à cette entrée des apothicaires dans le *Malade Imaginaire*, très-appréciée aussi en son genre par les artistes, mais qui est à peu près la seule chose de Lulli connue de la plus grande partie du public.

Pour ses airs, ils sont en général monotones. Quoique assez justes d'expression, ils manquent d'accent et de force. « A la fin du siècle dernier et au commencement du nôtre, disait vers 1720 un maître du temps, la musique était fort triste et fort lente. Lorsque les sonates de Corelli arrivèrent de Rome (1715), personne à Paris ne put les exécuter. Le duc d'Orléans régent, grand amateur de musique, voulant entendre ces sonates, fut obligé de les faire chanter par trois voix. Les joueurs de violon se mirent à les étudier, et *au bout de quelques années* il s'en trouva trois qui furent en état de les exécuter. Baptiste, l'un d'eux, alla même à Rome pour les étudier, sous Corelli. » Il est à croire, d'après cela, que cette monotonie de la musique de Lulli tient moins au défaut de génie de la part du compositeur, qui aurait pu en varier davantage l'expression, qu'à la singulière ignorance des exécutants, auxquels il eût été impossible de confier des parties un peu compliquées et offrant la moindre difficulté. Il y avait encore une autre cause ; c'est l'idée qu'on se faisait en France de la musique. On ne la croyait pas propre à rendre les grands mouvements de l'âme. On était sur ce point de l'avis du maître à chanter de M. Jourdain, disant « que de tous temps la musique a été affectée pour la vraisemblance aux bergers ; par cette raison qu'il n'est pas naturel que des princes et des bourgeois chantent leurs passions. » Il est bien plus naturel, en effet, qu'ils les expriment en vers de douze syllabes ! Quoi qu'il en soit, telle était alors l'opinion reçue. On voit, par la plupart des livres et des tableaux des deux derniers siècles, que la manie de la cour était de rêver on ne sait quelle félicité champêtre, quelle innocence des champs, pour être bien assurée apparemment que l'innocence existait quelque

---

(1) En vain par sa grimace un bouffon odieux
À table nous fait rire et divertit nos yeux ;
Ses bons mots ont besoin de farine et de plâtre :
Prenez-le tête à tête, ôtez-lui son théâtre ;
Ce n'est plus qu'un cœur bas, un *coquin ténébreux*.
Son visage essuyé n'a plus rien que d'affreux.
Bolæana de Montchenay, n° 40.

part; tout cela orné de petits moutons à rubans roses et paissant l'herbe fleurie, d'oiseaux gazouillant dans le feuillage, de ruisseaux murmurant doucement au milieu de la prairie, tandis que le jeune Tircis, le plus beau des bergers d'alentour, faisait retentir le bocage de sa plainte amoureuse, et redisait aux échos les rigueurs de son inhumaine. A quelques pas de là, la bergère coquette, qui se moquait de lui, et avait parfaitement raison. On conçoit à quels traits charmants sur la flûte et le hautbois, à quelles cadences perlées et sans fin devaient donner lieu toutes ces jolies choses. Ce n'étaient que pipeaux, tendres zéphirs, simplicité naïve de la campagne. Les héros eux-mêmes, quand on les mettait sur le théâtre, n'y venaient que pour soupirer leur peine et roucouler langoureusement leur amour. C'était là ce qu'on regardait comme l'essence de la musique : on ne l'apercevait qu'à travers cet appareil de bergerie, de gazon et de soupirs langoureux. Il n'y a rien là-dedans de bien impétueux, et qui soit bien favorable à la diversité des effets. Mais il fallait se conformer au goût du temps. C'est ce que fit Lulli, amoureux avant tout du succès, et ayant d'ailleurs assez de peine pour trouver des interprètes capables de rendre passablement ses compositions.

En effet, tout manquait lorsqu'il prit les rênes de l'Opéra. Malgré les tentatives de Sourdeac et de Perrin, il n'y avait ni chanteurs ni orchestre. Il fallait en former. Il fallait en outre créer tout ce qui constitue l'administration d'une aussi vaste entreprise, et c'est ici qu'éclata le génie de direction de Lulli. Il sut donner l'impulsion et communiquer le mouvement d'ensemble à cette machine si compliquée et encore aujourd'hui si difficile à conduire. C'était lui qui exerçait ses chanteurs, ses symphonistes, les chœurs de la danse et du chant; toujours présent, assistant à toutes les répétitions, réglant tout, surveillant tout avec la plus incroyable activité et cette ardeur qui ne s'éteint jamais, et qui n'est que le partage de certaines natures privilégiées. La plupart de ses voix lui étaient fournies par les cathédrales, quoiqu'on y fût à peu près aussi bon musicien qu'au théâtre. Il les allait recruter jusque dans les carrefours, sans cesse à la piste de quiconque manifestait des dispositions et semblait né pour être quelque jour un artiste. L'on ne peut s'empêcher de remarquer à ce sujet quelle fut la favorable influence des cuisines sur le talent des musiciens de ce temps : c'est de là, c'est de ce séjour, théâtre des ses premiers exploits, que Lulli tira son plus illustre ténor, le chanteur Dumesnil, à qui un spectateur criait dans son ravissement, après un *cantabile* qui venait de transporter la salle :

« O Phaéton, se peut-il que tu aies fait du bouillon ! » La direction de Lulli était d'ailleurs très-sévère en ce qui touchait le service, et même la vertu de son personnel féminin, chose déjà réputée fragile et trop digne de la plus excessive attention. Lulli, dit-on, n'entendait pas raillerie sur ce point délicat. Il nous est revenu des détails sur la manière dont il tenait le sceptre dans ce royaume placé sous son autorité. Un certain M. Lavieuville de Freneuse, inspecteur des eaux et forêts, grand amateur à ce qu'il paraît, publia, en 1700, un gros livre très-mauvais sur la musique en général et sur Lulli et ses opéras en particulier. On y lit cette page, qui devrait être lue, méditée, commentée jour et nuit par MM. les directeurs du théâtre :

« Lulli, dit donc ce M. Lavieuville, commandait en dictateur sa république chantante et dansante. Ses charges, ses richesses, sa faveur, son crédit, son talent, lui donnèrent cette extrême autorité. Il avait deux maximes qui lui attiraient une extrême soumission de la part du peuple musicien, qui d'ordinaire est pour ses conducteurs ce que les Anglais et les Polonais sont pour leurs princes. *Lulli payait à merveille, et ne permettait aucune familiarité*. Il était pourtant bon et libre. Il se faisait aimer des acteurs, ils soupaient ensemble de bonne amitié. Cependant il n'aurait pas entendu raillerie avec les hommes qui auraient abusé de ses manières sans façon, et il n'avait jamais de maîtresse parmi les femmes. Non-seulement il ne demandait rien à chanteuse ni à danseuse, mais il tenait la main à ce qu'elles n'accordassent rien à autrui, ou du moins qu'elles ne fussent pas aussi libérales de leurs faveurs qu'on en a vu quelques-unes l'être. Je n'aime point mentir ; et pour ne pas mentir, à force de vouloir élever Lulli, je ne dirai point que de son règne ce fut à l'Opéra une aventure inouïe qu'une petite fredaine. L'Opéra n'était pas cruel, mais il était politique et réservé. Sauver les apparences, et n'être pitoyable que rarement, et à la dérobée, est quelque chose pour une Angélique et une Armande hors de la scène ; c'était une marque édifiante de la considération qu'ils avaient pour le patron.

« Un autre effet du respect que lui portaient ses gens était l'attention qu'ils avaient de se tenir en état chacun de remplir son poste. Je vous réponds que sous l'empire de Lulli les chanteuses n'auraient pas été enrhumées six mois de l'année, et *les chanteurs ivres quatre jours par semaine*. Il les aurait accoutumés à marcher d'un autre train. Il ne serait pas alors arrivé que la querelle de deux actrices se disputant un premier rôle eût retardé d'un mois la représentation d'un opéra : il les avait mis sur le pied de recevoir sans contestation le personnage qu'il leur distribuait. Un maître d'opéra obligé de rendre compte à ses acteurs des rôles qu'il leur présente serait à son aise et devrait s'en promettre une belle exécution ! »

C'est ainsi que Lulli régna en souverain pendant près de vingt ans à l'Opéra. Sa musique elle-même y fut exécutée pendant quatre-vingts ans presque sans interruption, aux grands applaudissements du public, qui la jugeait incomparable, et croyait qu'il y allait de la gloire de la nation de n'en point accepter d'autre. Car on nous reproche de n'avoir pas d'esprit national : si ce n'est pas une calomnie, c'est une étrange prévention. Les Français l'ont suffisamment prouvé en ce qui touche leur musique, ou, si l'on aime mieux, ce à quoi ils ont donné ce nom durant un siècle, jusqu'à siffler la *Serva padrona*, si nous ne nous trompons, pour aller chercher dans les mélodies des Orphées qui se disputaient alors l'empire de notre scène une source de ravissements infinis et d'inexprimables extases. Et ce qu'il y a de pis pour l'honneur des oreilles françaises, c'est que c'était de bonne foi qu'elles préféraient les accords des Colasse et des Campra à ceux de Pergolèse. Il n'a pas fallu moins de cent ans pour qu'elles s'ouvrissent ; et quand au bout de ce temps la mode est venue de se passionner pour les Italiens, peut-être leur musique ne valait-elle pas la nôtre, illustrée alors dans le sérieux par d'admirables chefs-d'œuvre, ou par des productions pleines de charme et de vérité dans le genre secondaire. Mais cette question nous entraînerait trop loin. Nous revenons à Lulli. Il déploya une grande fécondité pendant les vingt ans de son administration. On lui dut la musique de plus de vingt-cinq ballets, outre ses opéras, dont le nombre s'éleva à environ dix-huit. Ce sont : *Les Fêtes de l'Amour et de Bacchus, Cadmus, Alceste, Thésée, Atys, Isis, Phischée, Bellerophon, Proserpine, le Triomphe de l'Amour, Persée, Phaéton, Amadis, Rolland, Armide, Acis et Galathée*, etc. On regardait l'opéra d'*Isis* comme son chef-d'œuvre. C'était le don Juan des dilettante d'alors, comme le dit M. Castil-Blaze dans sa très-spirituelle *Histoire de l'Opéra*, à laquelle nous avons emprunté la plupart de nos documents, pour le confesser en passant ; car il faut rendre à chacun ce qui lui appartient. *Isis* était donc la merveille du temps. Ce qui charmait surtout les amateurs, c'était la manière dont Lulli avait su rendre la plainte de Syrinx changée en roseau, « laquelle plainte fut regardée comme un chef-d'œuvre », dit ce M. Lavieuville de Freneuse que nous avons cité plus haut : « Lulli l'avait copiée d'après nature ; car on crut entendre le même bruit et le même sifflement que fait le vent en hiver, à la campagne, dans une grande maison, lorsqu'il s'engouffre dans les portes, dans les corridors et dans les cheminées. C'est une imitation naïve et parfaite de la nature. » Le moyen, en effet, de ne pas admirer cela?

Après la mort de Lulli, survenue en 1687, il arriva ce qui arrive toujours lorsqu'un homme de génie est venu donner des modèles dans un genre adopté par le public : ceux qui lui succèdent, n'ayant pas la force de créer à leur tour, ne voient rien de mieux que d'imiter ; tous leurs efforts se bornent à copier le maître. Ils lui empruntent ses formes, son style, usent de tous les moyens employés par lui, quelquefois avec bonheur, quand ce sont des gens de talent. Mais quel que soit le succès de ces imitations, ce ne sont jamais que des œuvres *de seconde main*, qui peuvent réussir en leur temps, parce qu'il faut bien que le public s'en contente, n'ayant rien de mieux à applaudir, mais qui ne comptent pas aux yeux de la postérité. Si elle daigne s'en souvenir, ce n'est qu'au point de vue historique, et uniquement par respect pour la chronologie.

C'est ainsi qu'on ne soupçonne même pas le nom de la plupart des compositeurs qui vinrent à la suite de Lulli. Il est encore célèbre dans les annales de l'art, bien que ses opéras ne soient guère connus, et que véritablement on n'ait guère le désir de les connaître. Mais sauf les érudits, et même ces grands érudits qui ne savent que ce que tout le monde ignore et a bien raison d'ignorer, qui connaît les Colasse, les Campra, les Desmarest, les Destouches, les Bertin, les Lacoste, etc. ? Ce sont pourtant ces Campra, ces Colasse, ces Desmarets, ces Bertin, etc., qui remplirent l'intervalle écoulé entre Lulli et Rameau, et même le remplirent avec succès. On se passionna pour eux ; on discuta sur leur talent, comme nous l'avons vu faire de nos jours sur ceux qui après Rossini sont venus se disputer l'empire de ce nouvel Alexandre. On leur fit des succès presque égaux à ceux du maître, parce qu'encore une fois, quand on n'a pas le mieux, il faut se contenter de ce qui n'est que le bien. On veut bien se persuader que l'un est aussi excellent que l'autre, afin d'y goûter le même plaisir. Il n'y a que le temps qui remette toutes choses en leur place, et ces artistes que nous venons de citer, sans doute si importants et si considérés de leur vivant, jouissant d'un si grand crédit dans tout ce qui concernait leur art, les maîtres de théâtre et de la chapelle en un mot, seraient bien étonnés de savoir le cas que fait aujourd'hui d'eux la postérité.

Leurs ouvrages composés, sinon fabriqués, pour nous servir de ce terme plus exact quoique moins distingué, sur le modèle des opéras de Lulli, reproduisent presque tous les mêmes situations exprimées de la même manière et par des effets nécessairement très-affaiblis. Ce sont toujours des dieux et des héros chantant leur martyre sur le même ton, et ce ton, hélas ! n'a aucun des charmes de la variété. Chanter son martyre, c'était, comme on l'a vu, le fonds de tous les opéras :

le reste n'en était que l'accessoire. Quels que soient les personnages, Amadis ou Jupiter, Bacchus ou Alexandre, Thésée, le roi des Indes, Alcide ou le grand Alcandre, il est évident, à voir ce qu'on les charge d'exprimer, que ces maîtres des dieux et des hommes ne paraissent pas devant le public dans une autre intention. Mais c'est surtout dans les ballets que l'amour règne souverainement et sans partage, car il est bien quelques moments dans l'opéra où il est obligé de s'effacer. Tous ces fiers conquérants, ces illustres vainqueurs ont beau être tout entiers à leur passion, quel que soit le beau feu qui les dévore, encore leur faut-il donner une heure au soin de leur empire. Dans les ballets, au contraire, on n'a qu'un soin, et ce soin c'est l'amour. Il est à lui seul tout le sujet; et il faut que ce sujet ait été bien dans l'esprit de nos pères, pour qu'ils aient eu le courage d'applaudir à toutes les fadeurs auxquelles il a servi de texte. Ce ne sont à chaque instant que des compositions comme celles-ci : *Les Amours de Mars et de Vénus, les Amours déguisés, les Caractères de l'Amour, les Voyages de l'Amour, les Fêtes de l'Amour, les Stratagèmes de l'Amour, les Amours des dieux, les Amours*, sans doute beaucoup plus intéressantes, *des Déesses; l'Europe galante, les Fêtes galantes*, etc., etc. Enfin l'amour partout; l'amour sans cesse et toujours, l'amour, nous ne dirons pas chanté, mais dansé de toutes les façons imaginables, en passe-pied, en chaconne, en menuet, avec tout ce que l'esprit des maîtres de ballets pouvait inventer de grâces champêtres ou de noblesse mythologique, et l'art perfide des danseuses de pirouettes enivrantes et de coups-d'œil assassins ; tout cela en perruque poudrée et surmontée de roses ; en talons rouges et justaucorps de satin bleu de ciel, ou en robes à cerceau de seize pieds de circonférence, comme le dit quelque part Voltaire. Les Français ne s'en regardaient pas moins avec fierté comme la première nation du monde pour les ballets. C'étaient leurs ballets qu'ils opposaient lorsqu'on leur parlait de la musique italienne. Tous les journaux du temps sont pleins des témoignages de ce légitime orgueil. Il est possible, disent-ils, que les Italiens chantent mieux, mais où trouver en Europe des danseurs comparables aux danseurs français! Quelle gloire en effet! C'est avec cette gloire que l'Opéra continua jusqu'en 1730, époque de la seconde révolution survenue dans notre théâtre lyrique, lequel en a éprouvé quatre depuis sa fondation jusqu'à nos jours.

Il y avait longtemps que cette révolution se préparait, comme toutes les révolutions. La musique de Lulli et de ses successeurs était toujours très-admirée, parce qu'enfin il était convenu qu'elle était admirable, et nul n'eût osé y contredire sans manquer gravement aux bienséances. Mais c'était depuis 1672 qu'on l'admirait, et le temps avait produit son effet. On en était à cette période fatale qui marque au théâtre la fin des chefs-d'œuvre, comme elle marque le commencement de tant d'autres ouvrages. C'est ce qu'on pourrait appeler la période d'assoupissement, quand les spectateurs, lorsque par hasard il y a des spectateurs dans la salle, cèdent invinciblement à ce charme du sommeil dont parle Armide dans son célèbre monologue. Les plus intrépides eux-mêmes essayaient vainement de s'y soustraire. Ils subissaient le sort de Renaud, languissants et éteints devant ces beautés si régulièrement offertes, trois fois par semaine, à leur admiration émoussée. Bref il y avait soixante ans qu'on entendait toujours les mêmes airs, ou plutôt le même air, et après un semblable intervalle peut-être est-il permis de souhaiter du nouveau, sans mériter le reproche de légèreté.

Les esprits étaient donc dans cette attente qui précède les grands événements. On se demandait quel dieu viendrait remplacer Lulli. Ce dieu parut enfin sous les traits d'un organiste de province, assez connu comme théoricien, mais n'ayant encore rien produit qui annonçât pour la scène un génie décidé : c'était RAMEAU. Il avait alors quarante-quatre ans, âge plus que raisonnable pour un débutant; ce qui ne l'empêcha pas de survivre à ses succès, après avoir eu le temps de triompher au théâtre; moins heureux que Lulli, mort, par une dernière faveur de la fortune, en pleine possession de sa gloire. Il était né à Dijon, en 1683. C'était un homme d'esprit, très-obstiné, ayant, par le caractère et le génie, plus d'un trait de ressemblance avec l'un des plus illustres maîtres de notre temps, M. Chérubini, belle et vive intelligence, esprit pénétrant et caustique, humeur bizarre et inflexible, grand harmoniste aussi, et, comme Rameau en son temps, consommé dans la connaissance et l'usage des procédés indiqués par la science; arrivant par ce moyen à d'admirables effets, mais comme Rameau, peut-être, péchant par le défaut de cette inspiration qui ne vient pas exclusivement de la tête, et que d'autres ont su trouver dans leur cœur et dans un sentiment naturel et profond des passions humaines.

Rameau était un homme de génie sans doute, mais un de ces génies qui doivent plus à la patience qu'à la nature, tandis qu'il faut leur devoir à toutes deux, sous peine, nous ne dirons pas d'être classé parmi les seconds, mais de ne pouvoir l'être tout à fait parmi les premiers. Rameau était à peine sorti de sa province lorsqu'il arriva à

Paris. Il avait, il est vrai, fait en Italie un voyage d'un instant, pour entendre de la musique italienne, puisqu'on n'en pouvait entendre ailleurs, et moins en France que partout. Mais l'ayant trouvée détestable, il revint aussitôt se plonger dans ses études. Il y resta pendant près de vingt ans, l'esprit sans cesse tendu sur des abstractions de contrepoint, rude travail, qui produisit un résultat non moins rude: nous voulons parler de ce fameux traité, si terrible à lire, qui devait fixer à tout jamais les lois de la composition, et qui durant plus de quarante années eut l'insigne honneur de faire déraisonner tout ce qui en France se piquait de connaissances musicales. Il est à croire que l'auteur se comprenait lui-même. Ce qui est certain, c'est qu'on ne le comprenait pas, soit que les esprits ne fussent pas assez avancés, soit que sa science ne se fût pas suffisamment mise en peine des moyens nécessaires pour être entendue. Ce n'était cependant pas faute d'être expliquée et commentairée; si toutefois les explications et les commentaires n'étaient pas la cause de cette obscurité, suivant l'usage. On ferait une bibliothèque de toutes les brochures écrites pour ou contre le système de Rameau; et quelle bibliothèque! Tout ce fatras est à la vraie science musicale ce que la *Somme de saint Thomas d'Acquin* est aux principes de la morale pure. Quoi qu'il en soit, ce traité acquit à Rameau la réputation du plus savant musicien de l'Europe, avec raison; car à côté de ces parties ténébreuses et abstruses faites pour défier l'esprit le plus clair, il y en a qui accusent une grande force d'intelligence, et nul compositeur à cette époque n'avait étudié aussi profondément que Rameau les principes de son art.

Cette ambition naturelle qui suit le succès le porta à vouloir écrire pour le théâtre, lui qui n'y avait pas songé pendant si longtemps. Il s'essaya; il écrivit des cantates, quelques scènes avec chœurs; après quoi se jugeant prêt, il vint à Paris, décidé à tenter les hasards de la carrière dramatique.

La Mothe-Houdart était alors l'homme considérable à l'Opéra : il y faisait tout; et les livrets qui n'étaient pas de lui semblaient mauvais. C'était donc ce puissant personnage qu'il s'agissait de fléchir pour pénétrer dans l'Olympe. Rameau, déjà connu, déjà célèbre même, lui écrivit la lettre suivante, comme aurait pu faire le dernier des écoliers, ou le plus chétif des professeurs de clavecin, dans un temps où ce n'était pas précisément quelque chose de bien important qu'un professeur de clavecin. Nous reproduisons cette lettre, parce qu'elle montre quelle est cette tyrannie qui peut obliger un homme du mérite de Rameau, outre son caractère assez peu souple, à s'incliner devant un homme de la médiocrité de La Mothe-Houdart, mais à qui la vogue a donné cette autorité que le premier n'a pas encore acquise. Il y a ensuite dans tout ce qui émane d'un homme de génie un intérêt que rien ne supplée. Une seule page écrite de sa main en dit plus sur son caractère et ses opinions que la biographie la plus étendue.

« Monsieur, dit humblement Rameau au potentat de l'Académie royale de Musique, quelques raisons que vous ayez pour ne pas attendre de ma musique théâtrale un succès aussi favorable que de celle d'un auteur plus expérimenté, en apparence, dans ce genre, permettez-moi de les combattre et de justifier en même temps les préventions où je suis en ma faveur, sans prétendre tirer de ma science d'autres avantages que ceux que vous sentirez aussi bien que moi devoir être légitimes.

« Qui dit un savant musicien entend ordinairement un homme à qui rien n'échappe dans les différentes combinaisons de notes. Mais on le croit tellement absorbé dans ces combinaisons qu'il y sacrifie tout, le bon sens, le sentiment, l'esprit et la raison. Or, ce n'est là qu'un musicien de l'école, école où il n'est question que de notes, et rien de plus; de sorte qu'on a raison pour lors de lui préférer un musicien qui se pique moins de science que de goût. Cependant celui dont le goût n'est formé que par des comparaisons à la portée des sensations ne peut tout au plus exceller que dans certains genres, je veux dire les genres relatifs à son tempérament. Est-il naturellement tendre, il exprime la tendresse. Son caractère est-il vif, enjoué, badin, sa musique y répond pour lors; mais sortez-le de ces caractères, qui lui sont naturels, vous ne le reconnoissez plus. D'ailleurs, comme il tire tout de son imagination, sans aucun secours de l'art, par ses rapports avec les expressions, il s'use à la fin. Dans son premier feu il étoit tout brillant; mais ce feu se consume à mesure qu'il veut le rallumer, et l'on ne trouve plus chez lui que des redites et des platitudes. Il seroit donc à souhaiter qu'il se trouvât pour le théâtre un musicien qui étudiât la nature avant de la peindre, et qui par sa science sût faire le choix des couleurs et des nuances dont son esprit et son goût lui auroient fait sentir le rapport.

« Je suis éloigné de croire que je sois ce musicien, mais du moins j'ai au-dessus des autres la connoissance des couleurs et des nuances, dont ils n'ont qu'un sentiment confus, et dont ils n'usent à propos que par hasard. Ils ont du goût et de l'imagination; mais le tout est borné dans le réservoir des sensations, où les différents objets se réunissent en une petite portion de couleurs, au delà desquelles ils n'aperçoivent plus rien. La nature ne m'a pas tout à fait privé de ses dons, et je ne me suis pas livré aux combinaisons des notes jusqu'au point d'oublier leur liaison intime avec le beau naturel, qui suffit seul pour plaire, mais qu'on ne trouve pas facilement dans une terre qui manque de semences, et qui a fait ses derniers efforts.

« Informez-vous de l'idée qu'on a de deux cantates qu'on m'a prises depuis quelques années, et dont les manuscrits sont tellement répandus en France que je n'ai pas cru devoir les faire graver, puisque je pourrois en être pour les frais, à moins que je n'en joignisse d'autres aux premières, ce que je ne puis faire faute de paroles. L'une a pour titre *l'Enlèvement d'Orithye*; il y a du récitatif et des airs caractérisés; l'autre a pour titre *Thétis*, où vous pourrez remarquer le degré de colère que je donne à Neptune et à Jupiter, selon qu'il appartient de donner plus de sang-froid ou plus de passion à l'un qu'à l'autre; et selon qu'il convient que les ordres de l'un et de l'autre soient exécutés. Il ne tient qu'à vous de venir entendre comment j'ai caractérisé le chant et la danse des *Sauvages* qui parurent sur le théâtre Italien, il y a un an ou deux, et comment j'ai rendu ces titres : *les Soupirs*, *les tendres Plaintes*, *les Cyclopes*, *les Tourbillons*, *l'Entretien des Muses*, *une Musette*, *un Tambourin*, etc., etc., dans une pièce de clavecin.

« Vous verrez pour lors que je ne suis pas novice dans l'art, et qu'il ne paroit pas que je fasse grande dépense de ma science dans mes productions, où je tâche de cacher l'art par l'art même. Je n'y ai en vue que les gens de goût, et nullement les savants, puisqu'il y a beaucoup de ceux-là et presque point de ceux-ci. Je pourrois encore vous faire entendre des motets à grand chœur, où vous reconnoîtriez si je sens ce que je veux exprimer. Enfin en voilà assez pour vous faire faire des réflexions. »

Cette lettre est fort bien faite, quoiqu'un peu obscure dans certains passages. On y sent un artiste sûr de lui et sachant mieux que personne ce dont il parle à l'époque où il en parle. A ce titre elle auroit dû éveiller l'intérêt de La Mothe. Il y fit à peu près autant d'attention qu'en pourrait accorder aujourd'hui le plus heureux de nos auteurs de livrets à la supplique de quelque pauvre écolier du Conservatoire, élève de première année dans la classe d'harmonie, qui lui demanderait un poème d'opéra en cinq actes. Repoussé de ce côté, Rameau s'en alla frapper chez l'abbé Pellegrin. C'était, si nous ne nous trompons, celui qui dînait de l'autel et soupait du théâtre. Il eut peur, s'il donnait un poème à Rameau, que son souper ne fût compromis. Par bonheur Rameau était riche : il avait gagné beaucoup d'argent avec la publication de son traité et son talent d'organiste. De plus, il était avare. Mais que ne peut le désir de la gloire? Il employa un moyen également usité de nos jours, dit-on, quoique avec de grands perfectionnements, en raison du progrès : il acheta cinq cents livres audit abbé le poème d'*Hippolyte et Aricie*, opéra copié sur la *Phèdre* de Racine.

La musique composée et apprise, les répétitions faites; tous les ennuis et les dégoûts préliminaires convenablement supportés, c'est-à-dire l'ignorance et la sottise des exécutants, les impertinences des actrices, les migraines des chanteurs et les caprices des danseuses; jusqu'à l'air passablement insolent des machinistes et du souffleur; tout cela, disons-nous, essuyé sans se plaindre, et presque d'un air satisfait, au contraire, pendant cinq ou six mois, l'opéra d'*Hippolyte et Aricie* fut joué pour la première fois le 3 octobre 1733 à l'Académie royale de Musique, et tomba!

Rien de plus simple, c'était du nouveau; et le public sur ce point n'a pas autant de torts qu'on le veut bien croire. Parlez à quelqu'un une langue étrangère, il répondra qu'il ne la comprend pas, loin d'en apprécier les beautés. Encore faut-il qu'il ait le temps de s'y accoutumer. Or, le public n'a qu'un moyen de faire connaître qu'il ne comprend pas, c'est de siffler; sauf à applaudir ensuite lorsqu'il s'est trompé la première fois; et au bout d'un certain temps il ne se trompe jamais. *Don Juan*, *Athalie*, *le Misanthrope* sont tombés, il est vrai; mais *Don Juan*, *Athalie* et *le Misanthrope* se sont relevés. Ils sont en possession de l'admiration universelle. Où sont aujourd'hui les misérables ouvrages qu'on leur opposait et qui passaient pour des chefs-d'œuvre? L'opéra de Rameau n'en était certainement pas un. Mais quelle force d'harmonie, quelle énergie et quelle variété de moyens auprès de de ceux de Lulli! Non-seulement les esprits et les oreilles n'y étaient pas accoutumés, mais on ne les soupçonnait même pas. Il n'était donc pas étonnant qu'on fût d'abord un peu effarouché, s'il est permis de s'exprimer ainsi. Du reste, cette première impression ne dura pas longtemps, et l'on rendit bientôt justice à Rameau.

« Lulli, dit un contemporain, avoit accoutumé nos oreilles aux sons les plus doux, aux intonations les plus faciles. Content d'intéresser le cœur, il n'avoit que rarement cherché à captiver nos sens par la magie de l'harmonie, il s'étoit principalement attaché à la mélodie, que le goût et le sentiment lui inspiroient; et quoique ce grand musicien n'ait pas saisi tout ce qui caractérisoit le goût naturel, le François, né sensible, toujours entraîné par le mouvement de son cœur, ne croyoit pas qu'il y pût voir d'autres beautés que celles qui brilloient dans le créateur de la musique françoise. Le goût qui régnoit dans les opéras paraissoit au public le bon goût par excellence. Tous les ouvrages de musique n'étoient appréciés que d'après les rapports qu'ils avoient avec ceux de Lulli.

« On entendoit pour la première fois des airs dont les accompagnements augmentoient l'expression, des accords surprenants, des intonations qu'on avoit crues impraticables, des chœurs, des symphonies dont les parties différentes, quoique très-nombreuses, se mêloient de façon à ne former qu'un tout. Les mouvements étoient combinés avec un art inconnu jusqu'alors, appliqués aux différentes passions avec une justesse qui produisoit les effets les plus merveilleux. Ce n'étoit plus au cœur seul que la musique parloit;

les sens étoient émus, et l'harmonie enlevoit les spectateurs à eux-mêmes, sans leur laisser le temps de réfléchir sur la cause de ses prodiges.

« Lulli avoit charmé, séduit; Rameau étonnoit, subjuguoit, transportait. Étoit-il facile de reconnoître dans la musique de celui-ci le véritable langage de la nature, tandis qu'on étoit prévenu que l'autre avoit su le rendre?

« Aussi le rideau fut à peine levé qu'il se forma dans le parterre un bruit sourd, qui, croissant de plus en plus, annonça bientôt à Rameau la chute la moins équivoque. Un revers si peu mérité l'étonna sans l'abattre. « Je « me suis trompé, disoit-il; j'ai cru que mon goût « réussiroit; je n'en ai point d'autre; je ne ferai « plus d'opéra. » Peu à peu les représentations d'*Hippolyte et Aricie* furent plus suivies et moins tumultueuses; les applaudissements couvrirent les cris d'une cabale qui s'affaiblissoit chaque jour; et le succès le plus décidé couronnant les travaux de l'auteur, l'excita à de nouveaux efforts, qui lui firent partager avec Lulli les honneurs de la scène lyrique, et, par la révolution la plus étonnante, lui méritèrent le titre de réformateur de la musique.

S'il obtint ce titre, ce ne fut pas sans contestation. On ne le laissa pas triompher ainsi tranquillement : ce ne fut qu'après un terrible combat livré à coups de brochures et d'épigrammes. Le passé, comme c'est l'usage, se révoltait contre le présent. Tous ces champions de l'ancienne musique, qui depuis vingt ans dormaient d'un sommeil si paisible aux opéras de Lulli, s'étaient réveillés tout à coup pour crier au sacrilége. Pour eux Rameau n'était pas un novateur; c'était un destructeur, un barbare, et presque un misérable, fait pour être chassé avec ignominie; car ce n'est pas seulement pour la politique qu'on se prodigue l'injure et qu'on se regarde comme des scélérats dignes du dernier supplice : on en fait autant pour un peintre ou un musicien. C'est la marche de l'esprit humain. On prétend même que ces querelles font avancer l'art. N'a-t-on pas vu le journal *le Globe*, dont la parole avait tant d'autorité en 1825, exprimer au sujet de la *Donna del Lago* l'opinion suivante sur le compositeur. « Rossini, dit l'aristarque avec ce goût et ce ton d'exquise urbanité qui distingue en général la critique, « Rossini est usé : il n'a été qu'un musicien de goût sans érudition ni savoir. *Le peu d'imagination qu'on avait cru reconnaître en lui s'est évanoui sans retour.* Il est incapable de rien produire dans se copier. Il est éteint : il ne restera rien de lui. » Sans érudition est admirable : du reste tout est admirable dans ce jugement. Il est vrai que depuis Rossini a produit *le Comte Ory*, le *Moïse* français et enfin *Guillaume Tell*. Mais que prouve cela? S'il a montré par là qu'il n'était pas usé, on lui répondra qu'il devait l'être, et que c'est tout au plus un manque de respect contre l'arrêt qui le condamne.

Quel que soit le génie de Rossini, ses compositions, dans l'ordre des œuvres de l'esprit humain, ne seront pas placées à côté de celles qu'il a écartées du théâtre. Mais ce n'est nullement pour cette raison qu'on le traitait ainsi. N'eût-il succédé qu'à des hommes du mérite de Colasse ou de Campra, on ne lui eût pas pardonné davantage. La question de mérite n'est rien au fond dans cette prétendue défense du bon goût contre l'invasion du mauvais. Il vivait et réussissait. C'est plus qu'il ne faut pour être déclaré dépourvu de science et d'imagination; car les morts ont cet avantage dans les arts : ils ne font de tort à personne, et permettent d'insulter ceux qui vivent. A Rameau on parle de Lulli, comme de Rameau à Gluck, et à Rossini de Gluck et de Mozart; c'est ainsi que l'envie se cache derrière un grand homme pour en étouffer un autre. Rossini le premier savait bien la distance qu'il y avait de lui à ces grands et majestueux génies, et il peut suffire à sa gloire d'être appelé le Voltaire de la musique, lorsque d'autres en ont été le Racine et le Corneille. Rameau blessait les opinions reçues. Il inquiétait la médiocrité et troublait des positions acquises : il devait subir toutes les difficultés suscitées ordinairement à l'homme supérieur qui s'élève, en attendant que son nom, devenu une arme dans les mains de la routine et de l'envie, fût opposé à son tour, comme un obstacle, à de plus grands que lui.

Son succès dura vingt ans, pendant lesquels il écrivit quinze opéras. C'est à savoir : *Hyppolyte et Aricie, les Indes galantes, Castor et Pollux, les Fêtes d'Hébé, Dardanus, la Princesse de Navarre, Platée, le Temple de la Gloire, Achante et Céphise, Zoroastre, la Guirlande, Anacréon, la Fête de famille, les Surprises de l'Amour, les Sybarites, les Paladins.* — *Castor et Pollux* passait pour le plus beau de ses ouvrages, en même temps que le poëme, dû à Gentil-Bernard, était regardé comme un chef-d'œuvre. C'est ce fameux opéra, monté avec un si grand luxe, que les directeurs, dans leurs moments de détresse, remettaient à la scène comme une ressource suprême, et à peu près, dit le Journal de Bachaumont, comme on expose aux regards des fidèles la châsse d'un saint pour obtenir du beau temps ou de la pluie. Il fut joué ainsi d'intervalle en intervalle jusqu'en 1774, époque de l'avénement de Gluck. Les amateurs instruits en connaissent seuls sinon toute la partition, au moins des fragments. D'ailleurs il n'est rien resté de Rameau, que ce chœur de Dardanus: *Tristes apprêts, pâles flambeaux*, qui aujourd'hui encore serait d'un très-grand effet à l'exécution.

Il n'est rien resté de lui, parce que, quoi qu'il en ait dit, tout son mérite consistait dans la science plutôt que dans l'imagination. Elle était son but au lieu d'être son moyen. Or, la science est bien peu de chose, malgré tous ses trésors, là où manquent le naturel et le génie de création. On ne saurait trop le répéter, il n'y a pas plus de musique sans mélodie que de peinture sans dessin, fût-on coloriste comme Paul Véronèse ou le Titien. On parlait un jour devant Guilielmi de science d'accords, de profondeur harmonique, etc., etc.; on exaltait beaucoup tout cela. « Mon Dieu, dit-il, inspire-moi de beaux chants, et je me charge du reste. » Le reste, en effet, ne mérite guère qu'on en fasse tant de bruit. Ce n'est, après tout, que le métier de l'art, et sans être plus sévère qu'il ne convient, nous ne voyons pas en quoi on doit savoir gré à un artiste de connaître les moyens que lui offre la science pour exprimer ses idées, s'il en a. Il serait au moins étrange qu'il ne les connût pas. N'est-ce pas la condition première de tout art ou de toute profession? Quoi qu'on en dise, c'est posséder peu de chose de ne posséder que cela. Jusque-là la science peut être un état, mais très-certainement ce n'est pas un mérite. Il suffit pour y arriver de s'y être appliqué pendant un certain temps; et combien d'exemples prouvent que ceux qui y réussissent le mieux ne sont pas toujours les natures les plus délicates et les plus favorisées relativement. Mais c'était un très-grand mérite du temps de Rameau, et sa célébrité sur ce point est légitime. Premièrement, il était le seul. Ensuite la plupart de ces moyens qu'il a mis en usage, et qui depuis ont été acquis à la science, c'est lui qui les a découverts. Mais dans ce qui constitue la musique, dans ce qui en est l'essence, dans ce qui fait qu'elle nous charme et nous émeut, dans la mélodie en un mot, Rameau a beau se défendre et protester, sa persistance même à cet égard dépose contre lui presque autant que ses ouvrages. Il y a là des dons qui lui ont été refusés, et même qu'il n'appréciait pas; car s'il parle du beau naturel dans sa lettre, c'est évidemment comme formule, et sans avoir un sentiment bien précis de ce que peut être ce naturel. Beau naturel alors était un mot consacré dans les arts, comme le mot sensibilité en littérature, ou dans notre temps ces mots fantaisie, couleur locale, inspiration capricieuse et originale, etc., qu'on voit revenir vingt fois par page lorsqu'il s'agit d'une pièce de poésie ou d'un tableau. Ce qui est certain, c'est que par beau naturel il n'entendait pas le chant, ayant coutume de dire que tout le charme et toute l'énergie de la musique étaient dans l'harmonie. « La mélodie, ajoutait-il, n'y a qu'une part très-subordonnée, et ne donne à la parole qu'un vain et stérile agrément. » Ce langage n'est pas nouveau. Combien de gens, avant et depuis 1730, ont prétendu se faire un mérite de toutes les qualités qu'ils n'avaient pas. Combien même n'ont dû leur célébrité qu'à ces admirables théories!

Rameau régnait encore à l'Opéra en 1752; mais depuis plusieurs années il y régnait un peu à la manière de Lulli dans les derniers temps, c'est-à-dire sur des spectateurs fort rares et assez peu animés, lorsque les directeurs imaginèrent, pour réveiller les sens du public, de faire revenir les chanteurs italiens. Ces infortunés chanteurs tant de fois repoussés en France, tant de fois honnis par respect pour la mémoire de Lulli, osèrent encore affronter la tempête. Ils reparurent le 1er août 1752. Ils jouaient la *Serva Padrona* de Pergolèse, craignant bien pour ce chef-d'œuvre le même accueil que par le passé. Mais cette fois il n'y eut qu'un cri. Ce fut un cri d'enthousiasme et de triomphe. Les oreilles s'étaient ouvertes; la sensibilité était enfin venue. Le public, le vrai public, celui qui se soucie peu qu'on soit savant ou qu'on ne le soit pas, pourvu qu'on l'amuse ou l'intéresse, ce public était comme transporté. Il semblait que le soleil se levât pour la première fois sur les ténèbres. Mais si c'était la lumière pour lui, c'était l'ouragan pour les malheureux compositeurs. La musique de Lulli, avec sa mélodie sans harmonie, celle de Rameau avec son harmonie sans mélodie, celle de leurs disciples et de leurs imitateurs sans l'une ni l'autre, tout cela allait être emporté et disparaître sans retour, lorsque *Ramistes* et *Lullistes*, *mélodistes* et *savants*, comprenant le danger, oublièrent leur querelle, et s'unirent contre l'ennemi commun. Ils s'agitèrent si bien, firent tant par leurs cris et leurs démarches, que les chanteurs italiens reçurent encore une fois l'ordre de quitter la France. Mais le coup était porté. Si l'on pouvait empêcher le public d'entendre de la musique italienne, on ne pouvait pas le forcer de retourner aux opéras de Lulli et de Rameau. *Castor et Pollux* eux-mêmes avaient perdu leur vertu. Puis tout ce qui avait du goût et savait écrire s'était fait l'organe du public. De tous côtés on reprit la plume. Les épigrammes et les brochures recommencèrent à voler de toutes parts. Rameau fut traité, au nom de Pergolèse et des Italiens, comme on avait traité Lulli au nom de Rameau, ou plutôt on profita de l'occasion pour les traiter aussi mal l'un que l'autre. « M. Mondonville, dit un journaliste, s'est avisé de remettre en musique l'opéra de *Thésée*, psalmodié, il y a cent ans, par l'ennuyeux Lulli... Son opéra est précisément aussi plat et aussi pauvre que celui de Lulli. C'est une psalmodie tout aussi assoupissante, et il n'y a pas le plus faible motif de préférence de l'un sur l'autre. » Cela s'adressait à Lulli à propos de Mondonville; mais voici qui était pour Rameau, ce sont des vers:

Contre la moderne musique,
Voilà ma dernière réplique :
Si le difficile est le beau,
C'est un grand homme que Rameau;
Mais si le beau, par aventure,
N'était que la simple nature,
Dont l'art doit être le tableau,
C'est un pauvre homme que Rameau.

Ces vers assez plats donnent une idée des disputes du temps. Dieu sait le tumulte qui s'éleva à l'occasion de cette querelle, et les aménités qu'échangèrent entre eux les contendants. J. J. Rousseau même, qui faillit plus tard être tué pour une cause aussi grave, en fut quitte cette fois pour cotoyer la Bastille. Il combattait aux premiers rangs des amateurs de la musique italienne. Il a raconté son aventure avec ce ton d'ironie sérieuse, cette verve amère dont il a seul le secret, et qui ne laisse pas d'avoir son côté plaisant.

« Quelque temps avant qu'on jouât *le Devin de Village*, il étoit arrivé à Paris des bouffons italiens qu'on fit jouer sur le théâtre de l'Opéra, sans prévoir l'effet qu'ils y alloient faire. Quoiqu'ils fussent détestables, et que l'orchestre, alors très-ignorant, estropiât à plaisir les pièces qu'ils donnèrent, elles ne laissèrent pas de faire à l'opéra françois un tort qu'il n'a jamais réparé. La combinaison de ces deux musiques, entendues le même jour, sur le même théâtre, déboucha les oreilles françoises; il n'y eut personne qui pût endurer la traînerie de leur musique après l'accent vif et marqué de l'italienne. Sitôt que les bouffons avoient fini, tout s'en alloit, on fut forcé de changer l'ordre, et de mettre les bouffons à la fin. On donnoit *Églé, Pygmalion, le Sylphe*; rien ne tenoit.

« Les bouffons firent à la musique italienne des sectateurs très-ardents. Tout Paris se divisa en deux partis, plus échauffés que s'il se fût agi d'une affaire d'État ou de religion. L'un, plus puissant, plus nombreux, composé des grands, des riches et des femmes, soutenoit la musique françoise; l'autre, plus vif, plus fier, plus enthousiaste, étoit composé des vrais connoisseurs et des gens à talent, des hommes de génie. Son petit peloton se rassembloit à l'Opéra, sous la loge de la reine. L'autre parti remplissoit le reste du parterre et de la salle; mais son foyer principal étoit sous la loge du roi. Voilà d'où vinrent ces noms de partis célèbres en ces temps-là de *coin du roi* et de *la reine*. La querelle en s'animant produisit des brochures. Le coin du roi voulut plaisanter; il fut moqué par *le Petit Prophète*; il voulut se mêler de raisonner : il fut écrasé par la *Lettre sur la Musique françoise*. Ces deux petits écrits, l'un de Grimm, l'autre de moi, sont les seuls qui survivent de cette querelle; tous les autres sont déjà morts.

« Mais *le Petit Prophète*, qu'on s'obstina longtemps à m'attribuer malgré moi, fut pris en plaisanterie, et ne fit pas la moindre peine à son auteur, au lieu que la *Lettre sur la Musique françoise* souleva contre moi toute la nation, qui se crut offensée dans sa musique. La description de l'incroyable effet de cette brochure seroit digne de la plume de Tacite. C'étoit le temps de la grande querelle du parlement et du clergé. Le parlement venoit d'être exilé. La fermentation étoit au comble; tout menaçoit d'un prochain soulèvement. La brochure parut; à l'instant toutes les autres querelles furent oubliées; on ne songea qu'au péril de la musique françoise; et il n'y eut plus de soulèvement que contre moi. Il fut tel que la nation n'en est jamais bien revenue. A la cour on ne balançoit qu'entre la Bastille et l'exil, et la lettre de cachet alloit être expédiée, si M. Le Voyer n'en eût fait sentir le ridicule. »

C'est de cette époque que date la fondation de l'Opéra-Comique, sous le titre de Comédie-Italienne. On ne vouloit décidément plus de l'Opéra. C'en était fait de cette malheureuse *traînerie* pendant si longtemps source d'ineffables délices pour les oreilles françaises. Depuis la dernière et trop heureuse tentative des artistes italiens jusqu'à l'avénement de Gluck, en 1774, il n'y eut qu'un seul ouvrage à succès; ce fut *le Devin de Village* de Rousseau. Ce petit opéra figuroit encore au répertoire en 1828 ou 1829. L'auteur de cet article assistait à l'une des dernières représentations qui en fut donnée, sinon la dernière. Au milieu du duo principal, on jeta sur la scène une énorme perruque poudrée. C'était en 1828 une manière d'exprimer son opinion en littérature ou en musique, et sur des choses qui valaient mieux que *le Devin de Village*. L'amateur passionné qui faisait connaître son sentiment par cette délicate allusion était sans doute quelque jeune révolutionnaire musical à qui les accords de l'ancienne musique causaient naturellement des spasmes nerveux. Il était loin de se douter, suivant toute apparence, que *le Devin de Village* avait été en son temps une œuvre aussi révolutionnaire que *le Siége de Corinthe* ou tout autre opéra de Rossini; qu'elle avait fait le même bruit, sinon à l'orchestre, au moins dans le public, produit le même tumulte et la même fureur d'enthousiasme, ayant mis, comme on dit, toutes les têtes en l'air. Nous convenons volontiers que c'était s'émouvoir pour peu de chose; mais enfin c'était la première fois qu'on entendait du chant, du chant sur des paroles françaises, un air, un motif, qui venaient se placer d'eux-mêmes dans la mémoire, et qu'on pouvait fredonner en sortant du théâtre. Cela même aujourd'hui n'est pas encore très-aisé à trouver. Interrogez sur ce point nos jeunes compositeurs, malgré leur expérience scientifique et les lauriers dont le Conservatoire a couronné leur front! Combien en est-il parmi eux qui puissent se promettre cette fortune de vivre assez longtemps pour qu'on soit obligé de les exclure au moyen d'une perruque lancée sur le théâtre? Nous comprenons que l'air : *Non, Colette n'est pas trompeuse*, ne les fasse pas précisément tressaillir d'admiration; mais qu'on suppose

J. J. Rousseau, rompu comme le moindre d'entre eux par dix ans d'études à la pratique de tous les secrets de l'art; ayant dans la quantité de chefs-d'œuvre représentés avant lui des modèles propres à former son génie; et qu'on dise si la tête d'où sont sortis ces airs aujourd'hui si vieux et si ridicules serait incapable d'en trouver quelques autres, qui, développés à la manière actuelle et suivant le goût du jour, feraient à leur auteur la même réputation? On ne saurait nier la supériorité de nos poëtes et de nos musiciens sur les poëtes et les musiciens de cette époque, et même de toutes les époques ; mais on ne saurait nier non plus que pour ramener le public au théâtre de l'Opéra-Comique, il y a dix ans, il a fallu recourir à quelques-unes de ces vieilleries, suivant le terme consacré, applaudies par nos grands pères vers l'an 1760, et qu'on ne traitait guère, il y a vingt ans, avec plus de respect que *le Devin de Village*. On peut se rappeler à ce sujet les journaux du temps ou encore les superbes sourires de la jeune école musicale au seul nom des vieux maîtres. N'est-ce pas là un motif pour être modeste. Il faut se dire qu'en aucun temps il n'y a de succès soutenu qui n'ait sa raison légitime, dont il convient peut-être de chercher à se rendre compte avant de se montrer si dédaigneux.

Ce Rousseau tant moqué en ce qui touche sa musique fut donc un révolutionnaire sur ce point, comme s'il eût été dans sa destinée de l'être en toutes choses. Il est en quelque sorte le premier qui ait approprié les formes de la musique italienne au génie français. Il conservait la mélodie en supprimant ce luxe d'ornements et de vocalises qui n'a jamais parfaitement réussi en France. Vinrent ensuite les Grétry, les Duni, les Monsigny, les Dézède, qui fondèrent le genre de la comédie italienne, appelé plus tard opéra-comique, et qui eut un si grand succès dans notre pays, que Voltaire lui-même en était inquiet et ne laissait guère échapper d'occasions d'en témoigner son dépit. Combien de fois ce goût de la comédie à ariettes ne nous a-t-il pas valu l'honneur d'être traités de Welches par lui? On eût dit qu'il craignait pour ses tragédies. Ses anathèmes n'empêchèrent pas le genre de l'opéra-comique d'être adopté par le public. Il est devenu un genre essentiellement national. Depuis Grétry il a été illustré par les Dalayrac, les Nicolo, les Méhul, les Berton, les Boyeldieu, les Hérold, etc., etc., si heureusement continués jusqu'à l'époque présente par les Auber et les Halévy. L'empressement était tel alors, qu'il suffisait de *Blaise et Babet* ou de *Fanfan et Colas* pour l'emporter sur Orosmane et le Vainqueur de la Chine!

Quant à l'Opéra, on a vu dans quel état de détresse profonde il était tombé. On avait beau s'ingénier, chercher tous les moyens, la lourde machine était comme engravée ; rien ne pouvait la remettre à flot. On faisait à chaque instant de nouveaux règlements ; on changeait les directeurs, on replaçait l'Opéra tantôt sous l'autorité de la ville, tantôt sous celle de MM. les gentilshommes de la chambre : le public n'en continuait pas moins à se porter ailleurs, c'est-à-dire du côté de la Comédie-Italienne. Des règlements et des gentilshommes, tout cela est sans doute parfait, mais tout cela ne fait pas de bonne musique. Pour ces derniers, s'il est quelque chose qui les intéresse à l'Opéra, on sait fort bien que ce n'est pas en général le mérite des compositeurs. Enfin, ne pouvant faire mieux et ne sachant que faire, on en était encore aux Amours sous la forme de ballets, lorsque parut Gluck, après vingt-cinq ans d'interrègne et de stérilité, époque funeste qui à l'Opéra marque toujours l'intervalle entre deux grands hommes, et qui venait de le marquer entre Rameau et lui, comme auparavant entre Lulli et Rameau, et depuis 1780 entre Gluck et Rossini.

Gluck est le plus grand de tous les compositeurs qui ont écrit pour la scène : c'est le Corneille et le Michel-Ange de la musique dramatique. Nul n'a poussé si loin le sentiment et la connaissance des passions propres à être représentées au théâtre. Nul n'a su les exprimer avec plus de profondeur; en rendre avec autant d'éclat et d'énergie les mouvements désordonnés. Nul n'a su agir avec la même force sur un public assemblé, le transporter ou l'abattre, le faire passer tour à tour par toutes les impressions de plaisir ou de terreur qu'il lui plaît de communiquer à ceux qui l'écoutent. Nous venons de parler de Corneille et de Michel-Ange. On peut dire aussi qu'il y a de l'Homère dans sa musique. C'est la grandeur, la simplicité et l'étonnante puissance d'effet de l'*Iliade;* on ne sait quoi d'imposant et de sublime qui vous ramène au sentiment de votre petitesse, et qui fait que tout en admirant on est comme pénétré d'une émotion de crainte respectueuse. Que ceux qui seraient tentés de nous accuser d'exagération se rappellent, s'ils ont assisté quelquefois aux séances du Conservatoire, le duo *Esprits de haine et de rage d'Armide*, ou le second acte d'Orphée, ou enfin tous ces fragments de Gluck qu'on y exécute à de trop rares intervalles. Nous ne les avons jamais entendus, pour notre part, sans voir le public comme confondu à ces accents formidables devant lesquels tout le fracas de nos modernes partitions est à peine un murmure imperceptible. Et cependant qu'est-ce que l'orchestre de Gluck à côté de l'orchestre de nos compositeurs? Combien n'en avons-nous pas vu de ces docteurs de la science, persuadés que l'effet est dans le bruit, sourire aussi d'un air supérieur en feuilletant les partitions de Gluck! Quel moyen, en effet, pour peu qu'on se pique de profondeur et de combinaisons, de ne pas céder à un peu de bonne humeur à la vue de tant d'innocence! de ces procédés si élémentaires et presque si naïfs! Et quand on ose humblement leur représenter que c'est avec cela, néanmoins, que le maître a remué son auditoire et le fait encore trembler, c'est ce qu'ils ne comprennent pas ; non plus que tant d'autres choses renfermées dans ces admirables compositions, et à l'intelligence desquelles ne suffit pas seul, à ce qu'il paraît, l'enthousiasme du contre-point. Ces grands hommes ignorent apparemment que les arts ne vivent que de contrastes, et qu'il en est de la musique comme de la littérature et de la peinture, en admettant qu'ils sachent ce que c'est que la littérature et la peinture. Ils ignorent que c'est détruire l'effet que de le prodiguer, et que l'usage de ces masses instrumentales tonnant continuellement aux oreilles du public, loin de réveiller son sens, l'émoussent, au contraire, et l'endurcissent, comme l'abus des couleurs éclatantes ou des mots pompeux éblouit la vue au lieu de la fixer, et fatigue l'esprit au lieu de l'émouvoir. Ils ignorent surtout, ayant pour cela d'excellentes raisons, que ce qui produit l'effet, ce n'est pas le moyen, c'est l'idée ; que le moyen est toujours grand lorsque l'idée est grande, attendu que c'est elle qui le fournit au moment même où elle est conçue ; qui fournit l'expression par laquelle elle veut et peut seule être traduite, cette expression juste, précise, unique, dont parle La Bruyère ; en deçà et au delà de laquelle il n'y a pas d'effet rendu ; la seule qui ait l'énergie suffisante, une énergie que rien ne peut augmenter, pas plus, qu'on nous pardonne le terme, ces violences de sonorité, aujourd'hui si familières à la plupart de nos compositeurs, que tout le fracas des épithètes accumulées ne peut ajouter à la force du *Moi!* de Corneille dans sa tragédie de *Médée*.

C'est là ce que savait Gluck, et ce qu'ont su tous les maîtres dignes de ce nom. Ce ne sont pas chez lui les moyens qui donnent de l'énergie aux idées, ce sont les idées qui communiquent leur puissance aux moyens. Ouvrez ses partitions, à peine y aperçoit-on quelque chose. Cette place des instruments de cuivre ou des instruments à percussion, aujourd'hui si remplie et si étendue, qu'on croirait qu'elle forme à elle seule toute la partition, cette place est presque toujours vide! Çà et là, à quelques passages marqués où résonneront les trombones, cet instrument introduit par lui dans l'orchestre ; quelques notes aussi jetées à de rares intervalles, et que devront frapper les timballes ; c'est tout. Mais la foudre aussi frappe rarement, et ses effets ne sont ni plus prompts ni plus terribles qu'à la scène le bruit de ces instruments déchaînés par le génie du compositeur. Sur la partition ce n'était rien, on les soupçonnait à peine ; à l'exécution on est épouvanté. On ne sait quel souffle puissant les a animés de l'esprit de vie. Il semble qu'une voix leur ait dit comme la voix de l'Écriture aux ossements du désert : « Levez-vous, et marchez! » Et leur tempête soulevée est venue aussitôt porter l'effroi parmi les auditeurs, non par une misérable combinaison de sons matériels, mais parce qu'ils font en quelque sorte partie d'un sentiment moral ; qu'ils en sont les organes nécessaires, et que c'est l'âme du compositeur qui s'est adressée par leur moyen, non pas à l'oreille, mais à l'âme de ceux qui l'écoutent.

On a pu voir par ce qui précède quel est le caractère des compositions de Gluck. Ce caractère est la grandeur. Il avait plus de hauteur que de sensibilité dans le génie. Il a su, quand la situation l'exigeait, trouver des accords touchants ou gracieux ; mais c'est son intelligence qui les lui a fournis plutôt que son cœur. Il est, comme nous l'avons dit, l'Homère d'un art dont Mozart a été le Virgile. Sa nature le portait à l'expression des sentiments héroïques. Le sculpteur Falconnet avait coutume de dire que quand il lisait Homère il croyait avoir vingt pieds de haut. On sent que Gluck le lisait aussi ; car ses héros sont des géants. Il s'y était trempé en quelque sorte, ainsi que dans la lecture des tragiques et de tous les auteurs anciens. De là cette couleur répandue sur ses ouvrages et dont sa musique est imprégnée. Elle n'a pas seulement les proportions du génie antique ; elle en respire aussi la sombre fatalité. On sent que l'auteur a entendu la voix des enfers, le cri des Euménides. Comme Virgile il a entendu « ces voix gémis-
« santes, ce bruit terrible des coups de
« fouet, des chaînes qui retentissent (1). » Il a contemplé le supplice de ces malheureux retenus dans le séjour des souffrances éternelles, par les ondes du Styx, « replié neuf fois sur lui-même (2). » Mais mieux que Virgile peut-être il en a exprimé toute l'horreur ; car il l'a exprimé dans une langue qu'aucune n'égale et à qui seule il a été donné de rendre ce que les autres peuvent tout au plus indiquer. En traduisant le poëte latin, il l'a surpassé. Jamais Eschyle et Sophocle, dans leurs strophes sinistres, n'ont imprimé à ces dieux

---

(1) Hinc exaudiri gemitus, et sæva sonare
Verbera ; tum stridor ferri tractæque catenæ.
(L. VI, *Én.*)
(2) ... tardaque palus inamabilis unda
Alligat ; et novies Styx interfusa coercet.
(Georg., l. IV.)

cruels qui ne connaissent pas les larmes (1), à ces divinités du Styx, ces ministres de la Mort que maudit la voix d'Alceste, le caractère implacable et terrible que leur ont prêté les accents du compositeur.

C'est à quarante ans que Gluck entreprit l'étude des langues anciennes. Né en 1716, de pauvres ouvriers, si le peu qu'on croit savoir de sa jeunesse est vrai; presque abandonné dès l'enfance, et obligé pour vivre de jouer de la harpe sur les places et devant les cafés, on comprend au milieu de quelles épreuves avait dû se former cet opiniâtre et fier génie. On ne sait où et comment il apprit la composition. On croit que c'est en Italie, sous la direction du père San-Martini, célèbre théoricien de l'époque. Comment il était arrivé là, comment il était parvenu à obtenir des leçons de ce maître, c'est ce qu'on ignore. Le génie a ses routes, que lui seul sait trouver. Il a ses moyens et ses secrets, que Dieu n'a révélés qu'à lui, à la confusion de toutes ces écoles, de tous ces conservatoires créés et entretenus à si grands frais, sortes de manufactures où se débite tous les ans un certain nombre d'artisans assez experts, de praticiens en état d'exercer assez habilement la profession, ou si l'on aime mieux l'industrie de peintre ou de musicien, mais où il n'a pas paru jusqu'ici que se développassent ces organisations privilégiées, ces natures supérieures qui font époque dans l'histoire d'un art. Quelle que fût la voie suivie par Gluck, il avait à peine trente ans que déjà ses ouvrages étaient connus en Italie. Cet esprit de persévérance à qui tout cède, et qui, s'il n'est pas le génie, en est au moins le plus énergique instrument, lui avait ouvert les portes du théâtre. Il en avait franchi le seuil; il avait été joué avec succès, et ce succès fut tel plus tard qu'il le conduisit à Vienne, où pendant plusieurs années il écrivit pour le théâtre de la cour. Mais ce genre de la musique italienne, qu'il avait dû adopter sous peine de ne pas réussir, n'était pas celui pour lequel il était né. Languir sans cesse et mourir à la manière des Italiens, qui n'en savent guère plus en fait de musique dramatique; user son temps à écrire de fades cantilènes, ou de plats *arias di bravura*, en dépit de toute espèce de raison et de vraisemblance, sans autre motif que de faire valoir la voix de la première chanteuse, ou celle, hélas! trop efféminée de quelque *soprano* masculin, déguisé en empereur romain, ce n'était pas là ce qui pouvait convenir longtemps à un génie de la nature du sien. Il lui fallait autre chose que cet art de castrats et de marionnettes. C'est alors qu'il conçut le projet de sa réforme musicale. Mais c'est alors aussi qu'il sentit la nécessité d'étendre son esprit et de le fortifier par l'étude de ces grands monuments de l'éloquence et de la poésie que nous a légués l'antiquité. Il avait compris que pour produire le beau il faut connaître le beau; et son instinct l'avait porté naturellement vers ce qui en a été, depuis trois mille ans, la source et le modèle. « Nos productions, a dit Buffon, ne sont que le résultat de nos connaissances. » Et par là il ne faut pas entendre seulement nos connaissances spéciales dans tel ou tel art, mais ces connaissances générales qui, en nous donnant lieu de comparer et de réfléchir, nous élèvent jusqu'à l'intelligence philosophique des choses. C'est par là qu'elles s'éclairent les unes les autres dans notre esprit. C'est par là qu'outre les lois propres à chacune nous arrivons encore à deviner ces grandes lois qui leur sont communes et les régissent dans leur ensemble. Pour ne parler que des musiciens, les biographies nous disent que Sacchini lisait sans cesse Racine. On n'en doit pas être surpris : il y a autant de la sensibilité et de l'élégance de Racine dans la partition de l'*Œdipe à Colone*, qu'il y a de Virgile dans la statue du Laocon, ou d'Homère dans la Vénus de Praxitèle.

Les Italiens n'avaient fait de la musique qu'un bruit assez agréable pour l'oreille, Gluck en voulut faire l'expression des passions (1). Plein de ces idées depuis longtemps mûries dans son esprit, il s'associa le poëte Calzabigi, lequel, sous les yeux de Gluck et sur ses indications, composa les deux poèmes d'*Orphée* et d'*Alceste*. Ces deux poèmes, mis en musique et représentés à Milan, à Naples et à Bologne, commencèrent la révolution. Mais ce n'était pas assez pour Gluck. Malgré ce succès, la langue italienne lui paraissait trop molle pour se prêter au langage des grandes passions. Les Italiens eux-mêmes lui semblaient trop dépourvus du véritable génie dramatique pour bien comprendre le genre qu'il voulait introduire. C'était la France qu'il avait en vue, et cette langue française que tant de compositeurs, apparemment très-supérieurs à Gluck, ont déclarée l'ennemie naturelle et irréconciliable de

---

(1) Nesciaque humanis precibus mansuescere corda.
(Virg. *Georg.*)
Illacrymabilem Plutona. (Hor.)

(1) Qui ne connaît ce fameux mot de Gluck, qui peint si bien la profondeur de son génie! Ce mot a été cité bien des fois; il est si admirable qu'on ne nous saura pas mauvais gré de le rappeler ici. Il s'agissait de la manière dont Gluck a accompagné un passage du rôle d'Oreste, dans l'*Iphigénie en Tauride*. Oreste, arrivé au paroxysme de la fureur, retombe affaissé sur lui-même, sans mouvement et sans voix. Ses cris l'ont épuisé. Les seules paroles qui s'échappent de sa bouche sont celles-ci : « *Mon âme est calme, et mon cœur est tranquille.* » Le compositeur, sur ces paroles si simples, a soulevé son orchestre : il le fait mugir et éclater. On lui en demandait la raison : « *Il dit qu'il est tranquille*, répondit Gluck, « vous ne voyez donc pas qu'il ment! »

toute mélodie et de toute harmonie. Il était à Venise en 1772, lorsqu'il y rencontra le bailli du Rollet, notre ambassadeur auprès de la république. Il lui communiqua ses réflexions sur le nouveau mode de musique dramatique. Le bailli était un homme d'esprit, ayant le goût et l'habitude du théâtre. Il entra avec passion dans la pensée de Gluck. On convint de travailler sur ce plan ; le sujet choisi fut l'*Iphigénie en Aulide* de Racine. Le bailli se chargea des changements nécessaires pour la transformer en un poëme d'opéra. La musique fut bientôt écrite ; mais il fallait arriver à l'Opéra de Paris : ce fut encore l'affaire du bailli. Il était réservé à la diplomatie d'importer la musique en France. Un ambassadeur nous avait donné Lulli, un autre allait nous donner Gluck. Le bailli écrivit au directeur de l'Opéra la lettre suivante, qui, mieux que tout ce qui pourrait être dit par nous, indiquera au lecteur en vertu de quelles idées Gluck accomplit cette révolution, source de chefs-d'œuvre qui n'ont pas encore été atteints.

« Monsieur, l'estime qui vous est due, et pour vos talents très-distingués et pour l'honnêteté de votre caractère, qui m'est particulièrement connue, m'a déterminé à me charger de vous écrire pour vous faire part que le fameux M. Gluck, si connu dans toute l'Europe, a fait un opéra françois, qu'il désireroit qu'il fût donné sur le théâtre de Paris. Ce grand homme, après avoir fait plus de quarante opéras italiens, qui ont eu le plus grand succès sur tous les théâtres où cette langue est admise, s'est convaincu, par une lecture réfléchie des anciens et des modernes, et par de profondes méditations sur son art, que les Italiens s'étoient écartés de la véritable route dans leurs compositions théâtrales ; que le genre françois étoit le véritable genre dramatique musical ; que s'il n'étoit pas parvenu jusqu'ici à sa perfection, c'étoit moins au talent des musiciens françois, vraiment estimables, qu'il falloit s'en prendre qu'aux auteurs de poëmes, qui, ne connoissant pas la portée de l'art musical, avoient dans leurs compositions préféré l'esprit au sentiment, la galanterie aux passions, la douceur et le coloris de la versification au pathétique de style et de situation. D'après ces réflexions, ayant communiqué ses idées à un homme de beaucoup d'esprit, de talent et de goût, il en a obtenu deux poëmes italiens qu'il a mis en musique. Il a fait exécuter lui-même ces deux opéras sur les théâtres de Parme, Milan, Naples, etc. Ils y ont eu un succès incroyable, et ont produit en Italie une révolution dans le genre. L'hiver dernier la ville de Bologne, en l'absence de M. Gluck, a fait représenter un de ses opéras. Son succès dans cette ville a attiré plus de vingt mille étrangers, empressés à en voir les représentations, et, de compte fait, Bologne a gagné par ce spectacle au delà de quatre-vingt mille ducats, environ 900,000 livres de France. De retour ici, M. Gluck, éclairé par sa propre expérience, a cru s'apercevoir que la langue italienne, plus propre, par la répétition fréquente des voyelles, à se prêter à ce que les Italiens appèlent des passages, n'avoit pas la clarté et l'énergie de la langue françoise ; que l'avantage que nous venons d'accorder à la première étoit même destructif du véritable genre dramatique musical, dans lequel tout passage étoit disparate, ou du moins affaiblissoit l'expression. D'après ces observations, M. Gluck s'est indigné contre les assertions hardies de ceux de nos écrivains qui ont osé calomnier la langue françoise en soutenant qu'elle n'étoit pas susceptible de se prêter à la grande composition musicale. Personne sur cette matière ne peut être juge plus compétent que M. Gluck ; il possède parfaitement les deux langues, et quoiqu'il parle la françoise avec difficulté, il la sait à fond et en a fait une étude particulière ; il en connoît enfin toutes les finesses et surtout la prosodie, dont il est très-scrupuleux observateur. Depuis longtemps il a exercé ses talents sur les deux langues dans différents genres, et a obtenu des succès dans une cour où elles sont également familières, quoique la françoise y soit préférée pour l'usage ; dans une cour d'autant plus en état de juger des talents de ce genre que les oreilles et le goût y sont continuellement exercés. Depuis ces observations, M. Gluck désiroit de pouvoir appuyer son opinion en faveur de la langue françoise, sur la démonstration que produit l'expérience, lorsque le hasard a fait tomber entre ses mains la tragédie-opéra d'*Iphigénie en Aulide*. Il a cru trouver dans cet opéra ce qu'il cherchoit.

« L'auteur, ou, pour parler plus exactement, le rédacteur de ce poëme a suivi Racine avec la plus scrupuleuse attention. C'est son *Iphigénie* même mise en opéra. Pour parvenir à ce point, il a fallu qu'on abrégeât l'exposition, et qu'on fît disparoître l'épisode d'Ériphile. On a introduit Calchas au premier acte à la place du confident Arcas ; par ce moyen l'exposition s'est trouvée en action ; le sujet a été simplifié, et l'action, plus resserrée, a marché plus rapidement au but. L'intérêt n'a point été altéré par ces changements. Par le retranchement de l'épisode d'Ériphile, le dénoûment de la pièce de ce grand homme n'ayant pu servir pour l'opéra dont il s'agit, il y a été suppléé par un dénoûment en action, qui doit faire un bon effet, et dont l'idée a été fournie à l'auteur tant par les tragiques grecs que par Racine lui-même dans la préface de son *Iphigénie*. On a tiré sans effort du sujet et l'on a amené naturellement dans chaque acte un divertissement brillant lié au sujet, de manière qu'il en fait partie, en augmente l'action et la complète. On a eu grand soin de mettre en opposition les situations et les caractères, ce qui produit une variété piquante et nécessaire pour tenir le spectateur attentif et l'intéresser pendant tout le temps de la représentation. On a trouvé moyen, sans avoir recours aux machines et sans exiger des dépenses considérables, de présenter aux yeux un spectacle riche et magnifique. Je ne crois pas qu'on ait jamais mis au théâtre un opéra nouveau qui ait demandé moins de frais, et qui cependant soit plus pompeux. L'auteur de ce poëme, dont la représentation entière ne doit durer au plus que deux heures et demie, y compris les divertissements, s'est fait un devoir de se servir des pensées et même des vers de Racine, lorsque le genre, quoique différent, l'a pu permettre. Le sujet d'*Iphigénie en Aulide* a paru d'autant mieux choisi que l'auteur, en suivant Racine autant qu'il a été possible, s'est assuré de l'effet de son ouvrage, et que par la certitude du succès il est amplement dédommagé de ce qu'il peut perdre du côté de l'amourpropre.

« Le nom seul de M. Gluck me dispenseroit, monsieur, de vous parler de la musique de cet opéra, si le plaisir qu'elle m'a fait à plusieurs répétitions me permettoit de garder le silence. Il m'a paru que ce grand homme avoit épuisé toutes les ressources de l'art dans cette composition. Un chant simple, naturel, toujours guidé par l'expression la plus vraie, la plus sensible, et par la mélodie la plus flatteuse; une variété inépuisable dans les sujets, dans les tours; les plus grands effets de l'harmonie employés également dans le terrible, le pathétique et le gracieux; un récitatif rapide, mais noble et expressif; enfin des morceaux de notre récitatif françois de la plus parfaite déclamation; des airs dansants de la plus grande variété, d'un genre neuf et de la plus agréable fraicheur, des chœurs, des duos, des trios, des quatuors également expressifs, touchants et déclamés; la prosodie de la langue scrupuleusement observée; tout dans cette composition m'a paru dans notre genre; rien ne m'y a semblé étranger aux oreilles françoises; mais c'est l'ouvrage du talent : partout M. Gluck est poëte et musicien, partout on y reconnoît l'homme de génie et en même temps l'homme de goût; rien n'y est foible ni négligé.

. . . .

« M. Gluck désire savoir si la direction de l'Académie royale de Musique auroit confiance dans ses talents, pour se déterminer à donner son opéra. Il est prêt à faire le voyage de France; mais il veut préalablement être assuré que son opéra sera représenté, et dans quel temps à peu près il pourra l'être. Il est demandé avec beaucoup d'empressement à Naples pour le mois de mai prochain. Il n'a voulu prendre de ce côté aucun engagement, et il est déterminé à faire le sacrifice des avantages qu'on lui propose s'il peut être assuré que son opéra sera agréé par votre Académie, à laquelle je vous prie de communiquer cette lettre, et de me faire passer sa détermination.

Quel que soit l'intérêt de cette pièce, peut-être en a-t-elle moins que l'épitre dédicatoire placée en tête de la partition d'*Alceste*. Ici, en effet, c'est Gluck lui-même qui parle. Il explique quels sont les principes qui l'ont guidé dans la composition de ses derniers ouvrages, depuis qu'il a cru devoir abandonner les formes de la musique italienne.

« Lorsque j'entrepris de mettre en musique l'opéra d'*Alceste*, dit-il, je me proposai d'éviter tous les abus que la vanité mal entendue des chanteurs et l'excessive complaisance des compositeurs avoient introduits dans l'opéra italien, et qui du plus pompeux et du plus beau de tous les spectacles en avoient fait le plus ennuyeux et le plus ridicule. Je cherchai à réduire la musique à sa véritable fonction, celle de seconder la poésie pour fortifier l'expression des sentiments et l'intérêt des situations, sans interrompre l'action ni la refroidir par des ornements superflus. Je crus que la musique devoit ajouter à la poésie ce qu'ajoute à un dessin correct et bien composé la vivacité des couleurs et l'accord heureux des lumières et des ombres, qui servent à animer les figures sans altérer les couleurs.

« L'imitation de la nature est le but que doivent se proposer les arts; c'est celui auquel je tâche d'atteindre. Toujours simple et naturelle autant qu'il m'est possible, ma musique ne tend qu'à la plus grande expression, et au renforcement de la déclamation de la poésie; c'est la raison pour laquelle je n'emploie point les *trilles*, les *passages*, ni les *cadences* que prodiguent les Italiens.

« Je me suis bien gardé d'interrompre un acteur dans la chaleur du dialogue pour lui faire entendre une ennuyeuse ritournelle; ou de l'arrêter au milieu de son discours sur une voyelle favorable, soit pour déployer dans un long passage l'agilité de sa belle voix, soit pour attendre que l'orchestre lui donnât le temps de reprendre haleine pour faire un point d'orgue.

« Je n'ai pas cru non plus devoir ni passer rapidement sur la seconde partie d'un air, lorsque cette seconde partie étoit la plus passionnée et la plus importante, afin de répéter régulièrement quatre fois les paroles de l'air; ni finir l'air où le sens ne finit pas, pour donner au chanteur la facilité de faire voir qu'il peut varier de plusieurs manières un passage.

« Enfin, j'ai voulu proscrire tous ces abus contre lesquels depuis longtemps se récrioient en vain le bon sens et le bon goût.

« J'ai imaginé que l'ouverture devoit prévenir les spectateurs sur le caractère de l'action qu'on alloit mettre sous leurs yeux, et leur en indiquer le sujet; que les instruments ne dévoient être mis en action qu'en proportion du degré d'intérêt et de passion, et qu'il falloit éviter surtout de laisser dans le dialogue une disparate trop tranchante entre l'air et le récitatif, afin de ne pas tronquer à contre-sens la période et de ne pas interrompre mal à propos le mouvement et la chaleur de la scène.

« J'ai cru encore que la plus grande partie de mon travail devoit se réduire à chercher une belle simplicité, et j'ai évité de faire parade de difficultés aux dépens de la clarté; je n'ai attaché aucun prix à la découverte d'une nouveauté, à moins qu'elle ne fût naturellement donnée par la situation, et liée à l'expression; enfin il n'y a aucune règle que je n'aie cru devoir sacrifier de bonne grâce en faveur de l'effet.

« Voilà mes principes. Heureusement ce poëme se prêtoit à merveille à mon dessein; le célèbre auteur de l'*Alceste* (1) ayant conçu un nouveau plan de drame lyrique, avoit substitué aux descriptions fleuries, aux comparaisons inutiles, aux froides et sentencieuses moralités, des passions fortes, des situations intéressantes, et un spectacle toujours varié. Le succès a justifié mes idées, et l'approbation universelle dans une ville aussi éclairée m'a dé-

(1) Gluck désigne ainsi Calzabigi, l'auteur du poëme

montré que la simplicité et la vérité sont les grands principes du beau dans les productions des arts.

Dans ce temps heureux, où il suffisait d'un quatrain pour agiter les esprits, on conçoit quelle fermentation devait produire l'annonce seule de ces nouveautés. Gluck avait été appelé en France. Les directeurs de l'Opéra lui avaient livré leur scène ; tout Paris était dans l'attente. L'orage même commençait à gronder ; car la médiocrité, avec cet instinct qui avertit du danger, avait déjà deviné un grand homme, c'est-à-dire un ennemi, et elle préparait ses armes. « Lorsqu'un homme de génie paraîtra dans le monde, dit Swift, vous le reconnaîtrez à cette marque, c'est que tous les petits esprits se ligueront contre lui. Malheureusement on voit quelquefois aussi des gens de beaucoup d'esprit se déchaîner contre le génie ; j'en suis fâché pour ces hommes d'esprit. » Ces petits esprits, c'était la cabale ameutée à l'avance de tout ce que Paris renfermait d'insectes musicaux, de misérables *croque-sols*, comme les appelle si plaisamment Rousseau ; prétendus compositeurs, sifflés ou applaudis, peu importe, car en fait de talent ils n'avaient rien à s'envier les uns aux autres. Mais tout cela comprenait parfaitement que l'arrivée d'un homme comme Gluck allait le faire rentrer dans son néant ; aussi, tout cela était-il déjà prêt à ne jurer que par Rameau, comme on n'avait juré que par Lulli pour accabler Rameau. C'était encore toute la troupe des danseurs et des danseuses, et des protecteurs de ces demoiselles, une grande partie de la cour par conséquent, laquelle s'était divisée avant même la représentation. Imaginez, en effet, des opéras presque sans ballets ! Qu'allaient devenir les *dames de la danse ?* pour employer la forme respectueuse encore aujourd'hui en usage à l'Opéra. Et ces chanteurs et ces chanteuses autrefois maîtres d'arrêter l'orchestre là où bon leur semblait, sans autre motif sinon qu'ils se sentaient en voix dans le moment et l'organe dispos pour exécuter heureusement quelques-uns de ces délicieux *flattés*, de ces charmants *martellés*, de ces admirables *ports de voix*, de ces *cadences perlées*, toutes ces gentillesses de l'ancien chant, qui faisaient pâmer les habitués de l'Opéra. Qu'allaient devenir ces malheureux, les uns ne dansant plus, les autres obligés de chanter en mesure, d'accord avec l'orchestre, et de marcher avec lui, sous peine d'être laissés en chemin par les instruments, au lieu de leur commander et de les faire taire comme au bon temps ? Puis enfin de l'âme dans le chant, de l'expression, une expression vraie, sentie, intelligente, toutes les qualités qu'on n'avait pas et aucune de celles qu'on croyait avoir. Ce misérable compositeur allemand était venu troubler le bonheur dont on jouissait ! Il y avait enfin la tourbe de ceux qu'on pourrait appeler aussi les *croque-sols* de la littérature ; cette race d'avortons littéraires, ennemis nés de tout ce qui est beau et grand, parce que tout ce qui est beau et grand leur fait sentir qu'ils sont petits et laids, et qui essayent pour s'en venger de piquer au talon quiconque a le bonheur de ne pas leur ressembler. Tout cet ensemble, en un mot, qui fait tant de bruit et qui s'intitule modestement *le monde*, par exclusion à tout le reste, comme si le monde n'eût été composé à cette époque et n'était jamais composé que de folliculaires et de musiciens de bas étage, de grands seigneurs amoureux de danseuses, ou de marquises maîtresses de danseurs ; cet ensemble, disons-nous, était conjuré contre Gluck, lorsqu'après six mois de répétitions dirigées par l'auteur en personne, et pendant lesquelles il sut communiquer aux acteurs, et jusqu'aux chœurs eux-mêmes, un peu du feu qui l'animait, l'*Iphigénie* parut enfin pour la première fois le mardi 19 avril 1772.

Le succès fut immense. Le public, qui juge toujours bien quand il consent à le faire lui-même, en avait cette fois pris la peine, sans s'inquiéter de l'opinion de ces directeurs de goût qui, sous prétexte de former le sien, ne l'occupent guère que de leur petit mérite et de leur grande vanité. Il fut saisi de la grandeur et de la sublimité de cette œuvre admirable. On ne se souvenait pas d'avoir vu pareil enthousiasme. On s'écrasait aux portes de l'Opéra. Le billet de parterre se payait la somme énorme de vingt-quatre francs. *Orphée*, traduit en français par Moline, et joué trois mois plus tard, fut accueilli avec les mêmes transports, ce qui n'empêchait pas les ennemis de Gluck de continuer leurs attaques et de prouver une ou deux fois par semaine au public, par la voix de leurs gazettes, qu'il était insensé d'applaudir à ces cris féroces, à ces *hurlements de sauvages*. C'étaient les termes dont ils se servaient, attendu qu'avant Gluck on ne criait pas à l'Opéra. Mais on leur répondait, et les réponses étaient d'autant plus vives que presque tout ce qui avait du mérite en littérature, à l'exception de la Harpe et de Marmontel, avait embrassé naturellement le parti de Gluck.

« M. Gluck, écrivait l'un de ses admirateurs dans le *Journal* (1) *de Politique et de Littérature*, n'a que ce qu'il mérite : on ne vient pas impunément réformer le goût et les spectacles d'une nation vaine et polie.

« Il a été bercé avec la musique d'Italie, et en a appris les secrets dans les meilleures écoles. Il a passé vingt-cinq ans à composer des opéras

(1) On ne sait de qui est cet article, fort curieux L'auteur n'a pas signé. On croit qu'il est de Suard.

pour les théâtres d'Italie, et y a excité autant de *vivats* et de *bravos* que les plus célèbres maîtres de chapelle. Mais ses ouvrages comme les leurs étoient oubliés au bout de quinze jours, et ne laissoient pas même le désir de les revoir.

« Il a senti que ce seroit un art bien frivole que celui qui ne seroit destiné qu'à faire des impressions si passagères et si peu profondes; mais il a senti aussi que ce n'étoit pas la faute de la musique.

« Il s'est mis à étudier notre langue, notre poésie et notre théâtre. Il a vu dans l'opéra françois un plan de spectacle magnifique, auquel il ne manquoit que de la musique. Il a trouvé dans les richesses de la musique italienne des couleurs propres à peindre toutes les affections de l'âme, tous les effets de la nature, lorsqu'au lieu de s'amuser à enluminer de jolies découpures, on saura en composer de grands tableaux. Il a trouvé un poëte digne de l'entendre et de le seconder, et ils ont donné l'*Orphée* et l'*Alceste*. En Italie, en Allemagne, en Angleterre, le succès de ce genre nouveau a été prodigieux; mais il manquoit au chevalier Gluck d'en faire l'essai en France. Sans autre mission que son zèle pour les progrès de l'art et son goût pour notre langue, il est venu à Paris et a donné son *Iphigénie*, l'une des conceptions des arts la plus admirable et la plus étonnante pour quiconque est digne d'en saisir l'ensemble et d'en sentir les détails.

« Ce n'étoit rien que d'avoir créé une musique dramatique, il falloit des acteurs, des exécutants. Il trouva un orchestre qui ne voyoit guère que des *ut* et des *re*, des *noires* et des *croches*; des assortiments de mannequins qu'on appeloit des chœurs; des acteurs dont les uns étoient aussi inanimés que la musique qu'ils chantoient, et les autres s'efforçoient de réchauffer à force de bras et de poumons une triste et lourde psalmodie ou de froides chansons. Prométhée secoua son flambeau, et les statues s'animèrent. Les instruments de l'orchestre devinrent des voix sensibles qui rendoient des sons touchants ou terribles, qui poussoient tantôt des cris, tantôt des gémissements, qui s'unissoient toujours à l'action pour en fortifier ou en multiplier les effets. Les acteurs apprirent qu'une musique tout à la fois parlante et expressive n'avoit besoin que d'être bien sentie pour entraîner une action forte et vraie. Les figurants des chœurs, mis en mouvement par l'âme qui animoit toute la machine, furent étonnés de se trouver des acteurs, et les danseurs furent encore plus étonnés de n'être presque plus rien sur un théâtre où ils étoient accoutumés à être presque tout.

« L'effet de ce spectacle nouveau fut extraordinaire. On vit pour la première fois une tragédie en musique, exécutée d'un bout à l'autre avec une attention continue et un intérêt toujours croissant, faisant verser des larmes jusque dans les coulisses, et excitant dans toute la salle des cris d'admiration. Les représentations, multipliées avec un excès qui sembloit provoquer la satiété, ne firent qu'augmenter la foule, l'émotion et l'enthousiasme. Un tel succès étoit trop éclatant pour ne pas faire des ennemis à l'auteur; car la médiocrité seule en est exempte. Les préjugés, les prétentions, la routine, le mauvais goût et les petits intérêts contrariés réunirent contre M. Gluck les épigrammes et les hypothèses, les intrigues et les calembourgs. Les uns ne voyoient dans ses opéras que la vieille musique françoise renforcée, les autres que la musique italienne bâtarde; les autres trouvoient son chant plat et commun, les autres welche et baroque. On lui reprocha surtout de manquer d'*unité* et de *motifs*, quoiqu'il se reprochât lui-même d'avoir perdu trente ans de sa vie à filer et parfiler des *motifs* à l'italienne, et que, considérant un opéra comme un seul tout en musique, il sacrifiât beaucoup de beautés secrètes à cette grande et précieuse *unité*. On alla même jusqu'à l'accuser d'être Allemand; il lui fut impossible de se corriger de ce vice-là. Mais, tandis que les fins connaisseurs le déchiroient dans les soupers, la plus grande partie des musiciens étrangers et nationaux et des amateurs les plus distingués lui élevoient une statue. »

On ne lui élevait pas une statue : c'est une chose à laquelle on ne pense guère, lorsque toutefois l'on y pense, que cent ans après la mort d'un homme de génie, quand on l'a bien insulté pendant sa vie; mais on faisait faire son buste, au moyen d'une souscription entre ses partisans. Ce buste, qui fut confié au ciseau de Houdon, est également placé à l'Opéra, au milieu du foyer, en regard de celui de Lulli. Il en est le digne pendant par l'exécution; il en est le contraste par les traits du visage. Autant la figure de Lulli est basse et commune, autant celle de Gluck est fière et imposante. Il y a du lion dans cette tête, où se rencontrent tous les signes de la force réunis à ceux de l'intelligence, outre la puissance de bon sens, qui est le propre de tous ces grands et énergiques génies, et dont on retrouve également la marque dans les traits des Corneille et des Bossuet. L'expression en est royale, comme on auroit dit autrefois; on y sent l'orgueil d'un homme de génie qui connaît son génie, et qui sait qu'il est fait pour l'imposer aux autres. C'est bien la tête d'où sont sorties l'*Alceste* et l'*Armide*; on ne le sauroit pas qu'on le devinerait : la figure est ici l'image de l'œuvre. C'est ce front porté si haut, cette tête rejetée en arrière par un mouvement impérieux et dominateur, comme celle de l'aigle au moment où il semble embrasser les espaces et percer l'horizon de son regard. Au milieu de tout cela des signes de bonté et même de bonhomie un peu à la manière allemande, et qui font comprendre le caractère de l'homme privé, en même temps que le reste accuse le grand artiste.

Alceste fut représentée en 1776. Mais cette fois le succès ne répondit pas à la beauté de l'œuvre. La couleur sombre et exclusivement tragique de cet opéra effraya les Parisiens. L'accueil fut froid. Mozart, à peine âgé de vingt ans, était alors à Paris. Il assistait à la première représentation. Il fut indigné de l'insensibilité du public. Telle est la cause des impressions fâcheuses qu'il conserva toujours contre la France, et qui plus tard l'empêchèrent de revenir à Paris. « Les âmes de bronze, s'écria-t-il « en se jetant au cou de Gluck, que leur faut- « il donc pour les émouvoir? — Sois tran- « quille, petit, répondit Gluck, dans trente ans « ils me rendront justice. » Dans un temps plus civilisé on n'aurait pas manqué de calculer ce qu'une pareille chute pouvait faire perdre de droits d'auteur.

Il n'eut pas trente ans à attendre. Au bout de quelques représentations, *Alceste,* mieux comprise, se relevait. Mais ce qui ne s'arrêtait pas, c'étaient les attaques, les diatribes de toutes sortes, contre l'auteur et sa musique. On ne vient pas, comme il est dit avec tant d'esprit et de sens dans la lettre que nous avons citée plus haut, réformer impunément le goût et les spectacles d'une nation vaine et polie. Or, ce qu'il y a de plus vain et de moins poli dans la nation, nous voulons dire les gens de lettres et les musiciens, continuaient à s'acharner sur Gluck avec la plus incroyable fureur. On ne pouvait décemment lui opposer *Castor et Pollux,* ou les opéras de Lulli; on s'avisa d'une manœuvre plus perfide. Parce que Gluck plaçait la vérité de la déclamation au-dessus de ces mélodies qui ne s'appliquent à rien, et qui forment l'essence de la musique italienne, on s'écria que son but était de bannir le *chant* de la musique, ayant pour cela des raisons dont il était aisé de s'apercevoir. Le mot d'ordre était celui-ci : « Il n'y a pas de *chant* dans la musique de Gluck; » voilà ce qu'on ne cessait de répéter. Les airs d'*Orphée,* d'*Alceste,* ceux d'*Armide,* qu'il suffit d'entendre trois fois pour les retenir, le chœur *Que d'attraits, que de majesté,* que toute l'Europe a chanté; l'ouverture d'*Iphigénie,* etc., etc.; tout cela n'était pas regardé comme du *chant;* et pour montrer aux Français ce que c'était que du *chant,* on imagina de faire venir à Paris Piccini, le compositeur en ce moment le plus fameux de l'Italie. L'intrigue remontait à trois ou quatre ans : elle avait été habilement conduite, et il fallait que la haine fût bien vive, puisqu'on trouva le moyen d'intéresser jusqu'aux puissances de la cour. Gluck avait donné à Vienne quelques leçons de composition à l'archiduchesse, fille de Marie-Thérèse; c'était Marie-Antoinette. Elle était ici sa protectrice. C'était par son influence qu'il était venu à Paris, et c'était elle qui l'y soutenait. Elle n'était encore que dauphine, et madame Dubarry reine de France à cette époque. Cette reine et la dauphine ne s'aimaient pas, on le conçoit. De quoi ne s'emparent pas les courtisans! Les familiers de madame Dubarry lui firent comprendre la douceur d'humilier la dauphine dans la personne de son musicien, en opposant à celui-ci quelque autre musicien qui serait protégé par madame Dubarry elle-même. Il y avait là une de ces occasions que les femmes ne repoussent jamais. On fit donc venir Piccini, attiré à Paris par les offres les plus brillantes. On le mit sous la direction de Marmontel, lequel avait aussi peu de goût pour la musique de Gluck que Gluck en avait peu, avec bien plus de raison, pour les poëmes d'opéra de Marmontel. Ce grand poëte fut chargé d'initier Piccini aux secrets de notre prosodie et de lui bâtir des livrets d'opéra.

Piccini était un beau et simple génie. Il l'a prouvé par sa *Didon,* qui est un chef-d'œuvre; mais, quoique supérieur à tous les artistes qui auraient pu être opposés à Gluck, ce n'était pas encore un athlète fait pour entrer en lice avec lui. Marmontel arrangea pour le compositeur italien le poëme de *Roland* de Quinault. C'est ce poëme dont Louis XIV avait dit : « Ce Roland n'est qu'un vieux fou, Angélique une grisette, et Médor un faquin. » Piccini sut prêter à cette grisette et à ce faquin des accents qui charmèrent le public; mais ce n'était rien que d'applaudir à de belle musique et d'en jouir, si l'on ne goûtait le plaisir infiniment plus savoureux de blesser la sensibilité de ces deux génies, et de leur faire expier, par la comparaison défavorable qu'on faisait de chacun d'eux avec son rival, les applaudissements qu'on était obligé de leur donner à tous deux. Ajoutez le bonheur de la dispute, si recherché des gens d'esprit et encore plus des sots, comme une occasion de montrer les uns l'esprit qu'ils ont, et les autres celui qu'ils croient avoir. C'est alors que commença cette inconcevable guerre qui jamais n'eut sa pareille, et qui, lorsqu'on en suit les incidents dans les mémoires et les journaux de l'époque, fait croire véritablement que ce pays tout entier était devenu fou. Il n'y a manqué que le chantre du Lutrin, si ce n'est que deux hommes de génie en étaient la cause, et qu'à ce titre, si elle était ridicule dans ses effets, elle était du moins intéressante dans son principe. Mais dire tout ce qui s'est imprimé de sottises, tout ce qui s'est échangé d'injures, de quolibets, de bons mots, et même de violences à propos de ces deux hommes; décrire la fureur des combattants, leur noble acharnement, voilà ce que le style seul de la plus haute épopée pourrait à peine rendre. Ce fut une rage, un tumulte, un pêle-mêle dont rien ne saurait donner l'idée. Le délire était universel, et avait saisi toutes les têtes. On ne se contentait pas de se gourmer au théâtre, on s'insultait dans les cafés, on mettait l'épée à la main. Plus d'un fils de famille, plus d'un honnête homme sont restés sur le carreau, la poitrine percée de part en part pour n'avoir pas trouvé que Gluck eût suffisamment de chant ou Piccini suffisamment de force; pour avoir ri lorsqu'ils entendaient des bons mots comme ceux-ci, par exemple : « *M. Gluck*, musicien *rue du Grand-Hurleur*; » ou bien *M. Piccini*, compositeur, *rue des Petits chants*; ou encore pour avoir applaudi ou désapprouvé ce mot de l'abbé Arnaud : « *Alceste* est cependant tombée, lui disait-on.—Tombée du ciel, répondit-il. » C'était pour cela que la monarchie était comme bouleversée, car il s'en fallait de peu; et à voir les Français dépenser ainsi leur enthousiasme et leur fureur, il ne semblait pas qu'ils dussent en avoir de reste pour les révolutions qui allaient survenir.

La question était celle-ci; on l'a vu d'ailleurs par les passages des lettres de Gluck que nous avons citées : Gluck subordonnait le chant à la vérité de l'expression dramatique; les Italiens ne subordonnaient le chant à rien, et lui subordonnaient tout au contraire. Ils mettaient aussi bien un air de danse dans la bouche d'une reine en pleurs, ou d'un héros vaincu et chargé de fers, qu'un grave *andante* ou quelque sinistre *adagio* dans celle d'un villageois allant s'ébattre sur la prairie avec sa bergère. Et si on faisait observer au compositeur que peut-être était-ce pécher contre la vraisemblance, il répondait naïvement que ce n'était pas sa faute si la reine était si triste au moment où il avait trouvé un air si gai, ou Colin si gai quand on lui faisait chanter un air si triste; que c'était à eux à réformer leur humeur et à l'accommoder au caractère de la musique; que pour lui, compositeur, son affaire était d'écrire des chants, doux, suaves, pénétrants, qui flattassent agréablement l'oreille; que les ayant trouvés, on n'avait plus rien à lui demander. C'était donc là le fond de la discussion : sacrifier s'il le fallait l'agrément à la vérité, ou bien ne pas se préoccuper de la vérité, pourvu qu'on arrivât à l'agrément. C'était tout simple. C'était même trop simple. Si toutes les questions étaient posées et devaient être résolues ainsi dans le langage de tout le monde, les sots et les pédants n'auraient plus que faire ici-bas! On s'apercevrait trop vite que ce sont des sots; et au lieu de les rencontrer en tête de tout, comme c'est assez l'usage, on pourrait bien ne les voir que là où se trouve leur place naturelle, si par hasard on les y apercevait. On sortit donc tout le catalogue de ces mots barbares et prétendus scientifiques qui font croire aux ignorants que d'autres ignorants en savent plus qu'eux. On se mit à raisonner devant le public mélopée, mélodie, harmonie, enharmonie même, récitatif mesuré, récitatif qui ne l'était pas, etc., etc., tout cela dans ce galimatias hérissé, et avec ces formes aimables que revêt la scolastique, et qui prêtent tant de charme aux discussions des érudits. Comme si c'était là ce qui intéresse le public! On employait surtout le mot *période*. C'était le grand mot, le mot cabalistique. Il revenait à chaque ligne dans les paroles et les écrits ou plutôt les cris des combattants. Quand on l'avait prononcé, tout était dit. Il comprenait tout, expliquait tout, répondait à tout. C'était le *probable* des jésuites; on en pouvait user sans être obligé de le définir et même de le comprendre, et Dieu sait si l'on s'en servait. Tel était en effet le crime de Gluck : son chant n'était pas périodique! En termes vulgaires, on ne trouvait pas que sa mélodie fût régulière et suivie; on la trouvait brisée, rompue : à quoi l'on répondait que s'il l'avait brisée, c'est que le sens des paroles l'avait voulu ainsi. — Mais alors, il n'y avait plus de chant! — La preuve qu'il y en avait, c'est que tout le monde chantait les airs de Gluck. — Tout le monde, non! Et la querelle de continuer. C'est sur ce beau thème qu'on brodait pour s'injurier les uns les autres dans un langage digne des héros de Vadé. Les gens de lettres, qui alors excellaient dans ce genre de guerre, ne s'y épargnaient pas, comme on le peut croire. De tous ceux qui prirent part à la bataille des gluckistes et des piccinistes, le plus maltraité fut la Harpe. Il est vrai qu'il l'avait cherché, suivant son usage. C'était, comme on sait, le plus infatué de tous les pédants du dix-huitième siècle; toujours prêt, pour faire parler de lui, à entrer dans des discussions où il n'avait que faire, y apportant ce ton tranchant, ces formes sèches et méprisantes qui plusieurs fois lui attirèrent de si rudes corrections de la part de ses adversaires (1). Il était rare qu'il en sortît sans avoir été, comme on dit, étrillé d'importance, ce qui ne l'empêchait pas de recommencer à la première occasion. Il rédigeait en chef le *Journal de Politique et de Littérature*, et se croyait trop considérable pour ne pas donner son avis sur la musique de Gluck. Le voilà donc écrivant à tort et à travers, prouvant à Gluck qu'il ignorait les éléments de son art, et qu'il aurait dû venir les apprendre auprès de lui la Harpe, et parlant aussi de mélodie, d'enharmonique, de chant mesuré, de récitatif, etc. Le malheureux n'en entendait pas un mot. Le compte rendu qu'il fit de la première représentation d'*Armide* est un morceau digne d'être cité à côté de cet article du *Globe* dont nous avons reproduit quelques lignes au sujet de Rossini.

« Le mardi 23 (septembre 1777), dit-il dans un de ses articles, a paru pour la première fois l'*Armide* de M. Gluck. Au moment où l'on écrit on ne peut rendre compte que de l'effet de cette représentation. Il a été très médiocre. On a applaudi le premier acte et une partie du cin-

---

(1) On sait qu'il fut un jour traîné dans le ruisseau, en pleine rue par un de ses confrères qu'il avait insulté. C'était Saurin, si nous ne nous trompons.

quième; les trois autres ont été très-froidement reçus. Voilà l'impression générale.

« Il y a des cris de douleur qui sont un des grands moyens de M. Gluck, et qui, bien placés et bien ménagés, donnent au récitatif une expression qu'il n'avait pas avant lui. Mais quand ces cris reviennent trop souvent, quand on les entend à tout moment, comme dans *Iphigenie* et dans *Alceste*, lorsque dans les airs même ils prennent la place de ces phrases de chant, à la fois pathétiques et mélodieuses, qui vont à l'âme *sans effrayer l'oreille*, et telles qu'on les admire dans les beaux airs des Italiens et de leurs élèves, alors on est assourdi plutôt qu'ému : ce rude ébranlement des organes nuit à l'émotion de l'âme; on s'aperçoit que l'auteur a mis trop souvent toute son expression dans ce bruit et tous ses moyens dans les cris. Cette affectation de contrefaire la nature est fort différente d'un art fondé sur une *imitation embellie qui doit plaire en ressemblant. Je ne viens point entendre le cri d'un homme qui souffre*. J'attends de l'art du musicien qu'il trouve des accents douloureux sans être désagréables; je veux qu'il flatte mon oreille en pénétrant mon cœur, et que le charme de la mélodie se mêle à l'impression que je ressens; je veux remporter dans ma mémoire une plainte harmonieuse qui retentisse encore longtemps à mon oreille, et laisse le désir de l'entendre encore, et de la répéter moi-même. Mais si je n'ai entendu que des clameurs de désespoir, des gémissements convulsifs, je puis trouver tout cela fort vrai, mais si vrai que je n'y reviendrai pas.

« Le rôle d'Armide est presque d'un bout à l'autre une criaillerie monotone et fatigante. Le musicien en a fait une Médée, et a oublié qu'Armide est une enchanteresse, et non pas une sorcière. »

Gluck n'était pas patient. On suppose de quel air il pouvait recevoir les semonces de M. de la Harpe. Il lui asséna la lettre suivante, qui en montrant à la Harpe qu'il n'était pas besoin de faire son métier de la littérature pour écrire en littérateur, lui prouva aussi qu'il était bon de savoir la gamme pour parler d'enharmonique.

« Il m'est impossible, monsieur, de ne pas me rendre aux très-judicieuses observations que vous venez de faire sur mes opéras dans votre *Journal de la Littérature* du 5 de ce mois. Je ne trouve rien, absolument rien à répliquer.

« J'avois eu la simplicité de croire jusqu'à présent qu'il en étoit de la musique comme des autres arts, que toutes les passions étoient de son ressort, et qu'elle ne devoit pas moins plaire en exprimant l'emportement d'un furieux et le cri de la douleur qu'en peignant les soupirs de l'Amour!

« Il n'est point de serpent ni de monstre odieux
« Qui par l'art imité ne puisse plaire aux yeux.

Je croyois ce précepte vrai en musique comme en poésie. Je m'étois persuadé que le chant rempli partout de la teinte des sentiments qu'il avoit à exprimer devoit se modifier comme eux, et prendre autant d'accents différents qu'il y avoit de différentes nuances; enfin que la voix, les instruments, tous les sons, les silences même, devoient tendre à un seul but, qui étoit l'expression, et que l'union devoit être si étroite entre les paroles et le chant que le poëme ne semblât pas moins fait sur la musique que la musique sur le poëme.

« Ce n'étoient pas là mes seules erreurs ; j'avois cru observer que la langue françoise étoit peu accentuée, et n'avoit pas de quantité déterminée comme la langue italienne. J'avois été frappé d'une autre différence entre les chanteurs des deux nations : si je trouvois aux uns la voix plus molle et plus flexible, les autres me sembloient mettre plus de force et d'action dans leur jeu : j'avois conclu de là que le chant italien ne pouvoit convenir aux François. En parcourant ensuite les partitions de vos anciens opéras, malgré les trilles, les cadences et les autres défauts dont leurs airs m'avoient paru chargés, j'y avois trouvé assez de beautés réelles pour croire que les François avoient en eux-mêmes leurs propres ressources.

« Voilà, monsieur, quelles étoient mes idées, lorsque j'ai lu vos observations. Aussitôt la lumière a dissipé les ténèbres. J'ai été confondu en voyant que vous aviez plus appris sur mon art en quelques heures de réflexion que moi après l'avoir pratiqué pendant quarante ans. Vous me prouvez, monsieur, qu'il suffit d'être homme de lettres pour parler de tout. Me voilà bien convaincu que la musique des maîtres italiens est la musique des maîtres par excellence, que le chant pour plaire doit être régulier et périodique, et que, même dans ces moments de désordre où le personnage chantant, animé de différentes passions, passe successivement de l'une à l'autre, le compositeur doit conserver le même motif de chant.

« Je conviens avec vous que de toutes mes compositions *Orphée* est la seule supportable. Je demande bien sincèrement pardon au dieu du goût d'avoir *assourdi* mes auditeurs par mes autres opéras. Le nombre des représentations et les applaudissements du public ne m'empêchent pas de voir qu'ils sont pitoyables. J'en suis si convaincu que je veux les refaire de nouveau ; et comme je sais que vous êtes pour la musique tendre, je veux mettre dans la bouche d'Achille furieux un chant si doux et si touchant, que tous les spectateurs en seront attendris jusqu'aux larmes.

« A l'égard d'*Armide*, je me garderai bien de laisser ce poëme tel qu'il est; car, comme vous l'observez judicieusement, *les opéras de Quinault, quoique pleins de beautés, sont coupés d'une manière très-peu favorable à la musique. Ce sont de fort beaux poëmes, mais de très-mauvais opéras.* Dussent-ils donc devenir de très-mauvais poëmes, comme il n'est question que d'en faire de beaux opéras à votre manière, je vous supplierai de me procurer la connoissance de quelque versificateur qui remette *Armide* sur le métier, et qui ménage deux airs dans chaque scène. Nous limiterons ensemble la quantité et la mesure des vers; pourvu que le nombre des syllabes soit complet, je ne m'embarrasserai pas du reste. Je travaillerai de mon côté à la musique, de laquelle, comme de raison, je bannirai scrupuleusement tous les instruments bruyants, tels que la timbale et la trompette. Je veux qu'on n'entende dans mon orchestre que les hautbois, les flûtes, les cors de chasse et les violons, avec des sourdines, bien entendu. Il ne sera plus question que d'arranger les paroles sur ces airs, ce qui ne sera pas difficile, puisque d'avance nous avons pris nos dimensions.

« Alors le rôle d'Armide ne sera plus une *criaillerie monotone et fatigante*, ce ne sera plus *une Médée, une sorcière*, mais une. *enchanteresse*. Je veux que dans son désespoir elle vous chante un air *si régulier et si périodique*, et en même temps si tendre, que la petite maîtresse la plus vaporeuse puisse l'entendre sans le moindre agacement de nerfs.

« Si quelque mauvais esprit s'avisoit de me dire, « Monsieur, prenez donc garde qu'Armide « furieuse ne doit pas s'exprimer comme Ar- « mide enivrée d'amour ; — Monsieur, lui répon- « drois-je, je ne veux point *effrayer l'oreille* de « M. de la Harpe ; je ne veux pas *contrefaire* la « nature, je veux *l'embellir* ; au lieu de faire *crier* « Armide, je veux qu'elle *vous enchante*. » S'il insistoit ; s'il m'observoit que Sophocle, dans la plus belle de ses tragédies, osait bien présenter aux Athéniens OEdipe les yeux ensanglantés, et que le récitatif ou espèce de déclamation notée par laquelle étoient exprimées les plaintes éloquentes de cet infortuné roi devoit sans doute faire entendre l'accent de la douleur la plus vive, je lui répondrois encore que « M. de « la Harpe ne veut pas entendre *le cri d'un « homme qui souffre.* »

« N'ai je pas bien saisi, monsieur, l'esprit de la doctrine répandue dans vos observations? J'ai procuré à plusieurs de mes amis le plaisir de les lire. « Il faut être reconnoissant, m'a dit « l'un d'eux, en me les remettant, M. de la « Harpe vous donne d'excellents avis ; il fait sa « profession de foi en musique. Rendez-lui le « change ; procurez-vous ses ouvrages poétiques « et littéraires, et, par amitié pour lui, relevez- « y tout ce qui ne vous plaira pas. Bien des « gens prétendent que la censure dans les arts « ne produit d'autre effet que de blesser l'artiste « sur qui elle tombe ; et pour le prouver, ils di- « sent que jamais les poëtes n'ont eu plus de « censeurs et n'ont été plus médiocres que de « nos jours. Mais consultez là-dessus les journa- « listes, et demandez-leur si rien est plus utile « à l'État que les journaux. On pourra vous « objecter qu'il ne vous sied pas à vous, musi- « cien, de décider en poésie ; mais cela sera-t-il « plus étonnant que de voir un poëte, un homme « de lettres, juger despotiquement en musi- « que. »

« Voilà ce que me dit mon ami. Ses raisons m'ont paru très-solides : mais, malgré ma reconnoissance pour vous, je sens, monsieur, que toute réflexion faite, il m'est impossible de m'y rendre sans encourir le sort de ce dissertateur qui faisoit en présence d'Annibal un long discours sur l'art de la guerre. »

Le coup était rude. La Harpe essaya de s'en relever par des couplets en vers. Il avait éprouvé la prose de Gluck, et supposait apparemment que les vers n'étaient pas une arme à l'usage de son adversaire. Voici sa poésie :

Je fais, monsieur, beaucoup de cas
De cette science infinie
Que, malgré votre modestie,
Vous étalez avec fracas,
Sur le genre de l'harmonie
Qui convient à nos opéras.
Mais tout cela n'empêche pas
Que votre *Armide* ne m'ennuie.

Armé d'une plume hardie,
Quand vous traitez du haut en bas
Le vengeur de la mélodie,
Vous avez l'air d'un fier-à-bras ;
Et je trouve que vos débats
Passent, ma foi, la raillerie :
Mais tout cela n'empêche pas
Que votre *Armide* ne m'ennuie.

Le fameux Gluck, qui, dans vos bras,
Humblement se jette et vous prie,
Avec des tours si délicats
De faire valoir son génie,
Mérite sans doute le pas
Sur les Amphions d'*Ausonie* :
Mais tout cela n'empêche pas
Que votre *Armide* ne m'ennuie.

Ces vers étaient à peine imprimés qu'on y répliquait par ceux-ci, auxquels le pauvre la Harpe ne jugea pas à propos de répondre.

J'ai toujours fait assez de cas
D'une savante symphonie,
D'où résultait une harmonie
Sans effort et sans embarras.
De ces instruments hauts et bas,
Quand chacun fait bien sa partie,
L'ensemble ne me déplaît pas ;
Mais ma foi *la Harpe* m'ennuie.

Chacun a son goût ici-bas ;
J'aime Gluck et son beau génie,
Et la céleste mélodie
Qu'on entend à ses opéras.
La période et son fatras,
Les cantilènes d'*Ausonie*,
Pour mon oreille ont peu d'appas ;
Et surtout *la Harpe* m'ennuie.

Et comme Marmontel avait aussi fait l'impertinent, on n'eut garde de l'oublier. On lui décocha en passant le trait suivant :

Ce Marmontel si long, si lent, si lourd,
Qui ne parle pas mais qui beugle,
Juge la peinture en aveugle
Et la musique comme un sourd.
Ce pédant à si triste mine,
Et de ridicules bardé,
Dit qu'il a le secret des beaux vers de Racine :
Jamais secret ne fut si bien gardé.

Ces couplets étaient de Suard, admirateur passionné de Gluck, et qui, sous le nom de l'*Anonyme de Vaugirard*, répondait à toutes les attaques dont celui-ci était l'objet. Mais de toutes les brochures, pièces, épigrammes, etc., etc., qu'inspira cette guerre, la meilleure est sans contredit la lettre suivante, écrite à la Harpe sous le nom, dans le style et avec l'orthographe d'un serpent de village. Il est difficile d'imaginer une plaisanterie plus ingénieuse. On ne sait quel homme d'esprit en est l'auteur, il est vraiment fâcheux que son nom ne soit pas connu.

« Monsieur, » faisait-il dire à son chantre de paroisse, « j'avons l'honneur de vous faire une lettre pour me dépêcher de vous apprendre une chose qui vous intéressera beaucoup ; c'est qu'il faut vous dire que je sommes serpent de ma paroisse, et que notre curé, qui s'amuse à lire les gazettes, n'a pas de plus grand plaisir que de les lire tout haut, à cette fin que je l'entendions et que nos enfants en profitions itou. L'autre soir y lisait le journal de....., j'avons oublié son nom; car je ne l'avons entendu nommer que c'te fois-là. Tant y a que ça part de votre pleume. Y avait là dedans tout plein de belles choses, car je n'y comprenions goutte, et de pauvres gens comme nous ne sont pas faits pour entendre tous ces baragouinages-là : ça parloit contre M. Guelouque, et ça disoit comme ça que gnia pas de chant dans ses airs; que la mélodie est la même chose que l'harmonie; que pour faire pleurer le monde il faut faire des accords; enfin tout plein d'autres choses que je trouvions bian dites; car tout ça venoit pesle-mesle l'un sur l'autre, et moi je trouve ça mieux à cause que je dis à part moi : *Eh bien, voyez! je n'aurions pourtant pas dit ça.* Et puis j'étions content encore parce que j'étois fâché contre ce biau M. Guelouque, à cause que M. le curé, qui l'aime bian, comme je vous le disois, m'avoit prêté un air de son plus nouveau opéra, et que ce diable d'air ne pouvait pas aller sur mon serpent. Pour en revenir donc à c'que nous parlions, not' curé faisoit des grimaces en lisant vot' grimoire, comme quand le seigneur de chez nous n'met qu'un demi as à l'offrande. A la parfin il a pris plusieurs journal de Paris, et il m'a lu ça. Il y avoit tout plein d'écriture qu'on vous écrivoit pour se gausser de vous; moi je disois à ça que c'étoit mal; que ça ne faisoit rien au monde si vous étiez bien savant ou si vous n'saviez ce que vous disiez; et M. le curé disoit que c'étoit c'que vous méritiez; tant y a qu'il m'a dit : *Regarde, Mathurin; toute fois et quand un homme écrit comme ça de bieaux mots, c'est pour attraper des imbéciles comme toi; tous ces dictons-là ressemblant, sans comparaison, aux cloches de not' village, quand alles font bian du tapage, ça vous étourdit, on n'sait plus quel air que ça joue. Un nigaud pense tout de suite que celui qui a écrit de si grands mots est bien savant; point du tout, je gage que cet homme-là n'sait pas tant soulement combien y a de clefs dans la musique.* Moi je n'avons pas voulu gager avec lui, parce que c'est manquer de respect à son curé, et qu'il me l'auroit bian revalu à Pâques; et pis que je voyois bian qu'il avoit raison, car il me disoit que j'avois tort, et il en sait plus que moi. Or donc j'ai fait le fin, et je l'y ai demandé comment qu'il vous pourroit demander ça. Il m'a dit qu'il vous écriroit deux mots par le journal. Moi qui ne perds pas la tramontade, je vous écris bien vite cheux vous, à cause que je n'aimons pas M. Guelouque; j'avons l'honneur de vous apprendre qu'y a trois clefs dans la musique: la clef *c sol ut*, la clef de *f ut fa* et la clef de *g ré sol*, à cause de c'que vous n'savez peut-être pas ça, quoique vous parliez de *récitatif*, de *chant mesuré* et de *mélodie* et d'*harmonie* autant qu'un autre. Or çà je vous parlons là à cœur ouvert, en cachette de M. le curé. Y va être bien attrapé! ça me réjouit l'âme quand j'y pense. Dame c'est pour le coup que vous ferez le fier; vous lui ferez voir que vous n'êtes pas un Glaude, et que vous savez aussi bian que lui que gnia que trois clefs dans la musique. Tatigué! que je me veux du bien de vous avoir appris ça. Mais je nous flattons qu'en revanche vous me direz *au clair* à quoi qu'on connoit la mélodie d'avec l'harmonie, ou bien si c'est tout un. J'attendons de vous cette marque de souvenance, avec lequel j'avons l'honneur d'être de tout mon cœur, etc.

« MATHURIN GUILLOT.

« *P. Scripton.* Si par après not' curé vous fait encore des questions biscornues, adressez-vous à moi. Si je n'y étions pas, mes petits enfants de chœur vous apprendront tout aussi bien que moi la gamme et la note et tout ce que vous ne savez pas.

Cette fois la Harpe resta sur le coup; les dissertations sur la musique ne lui réussissaient pas. Il retourna à ses tragédies, qui n'étaient pas, il est vrai, beaucoup plus heureuses, mais pour lesquelles il lui semblait cependant qu'il était fait.

Cette *Armide* qui causait tant de querelles, Gluck avait été bien près de ne pas la donner au théâtre. Il en avait terminé la partition à Vienne, et s'occupait, suivant ses conventions avec le directeur de l'Opéra, d'écrire la musique de *Roland*, lorsqu'il apprit que la direction avait aussi confié ce poëme à Piccini. Déjà les deux compositeurs avaient travaillé sur le sujet d'Iphigénie en Tauride; on voulait encore une fois les faire lutter sur un même poëme. Les directeurs trouvaient dans cette lutte une source de recettes. Gluck, justement blessé de cet acte peu loyal, car il n'avait pas été averti comme la première fois, écrivit la lettre suivante à un de ses amis, laquelle fut imprimée aussitôt ;

« Je viens de recevoir, mon ami, votre lettre du 15 janvier, par laquelle vous m'exhortez à continuer de travailler sur les paroles de l'opéra de *Roland*. Cela n'est plus faisable, parce que quand j'ai appris que l'administration de l'Opéra, qui n'ignorait pas que je faisois *Roland*, avoit donné ce même ouvrage à faire à M. Piccini, j'ai brûlé tout ce que j'en avais déjà fait, qui peut-être ne valoit pas grand' chose, et en ce cas le public doit avoir obligation à M. Marmontel d'avoir empêché qu'on ne lui fît entendre une mauvaise musique. D'ailleurs je ne suis plus un homme fait pour entrer en concurrence : M. Piccini auroit trop d'avantages sur moi; car, outre son mérite personnel, qui est assurément très-grand, il auroit celui de la nouveauté; moi, ayant donné quatre ouvrages, bons ou mauvais, n'importe : cela use la curiosité ; puis je lui ai frayé le chemin, il n'a qu'à me suivre. Je ne vous parle pas de ses protections. Je suis sûr qu'un certain politique de ma connoissance donnera à dîner et à souper aux trois quarts de Paris pour lui faire des prosélytes, et que Marmontel, qui sait si bien faire des contes, contera à tout le royaume le mérite exclusif du sieur Piccini. Je plains en vérité M. Hébert (1) d'être tombé dans les griffes de ces personnages, l'un amateur

(1) Le directeur de l'Opéra.

exclusif de musique italienne, l'autre auteur dramatique d'opéras prétendus comiques. Ils lui feront voir la lune à midi. J'en suis vraiment fâché, car c'est un galant homme que ce M. Hébert, et c'est la raison pour laquelle je ne m'éloigne pas de lui donner mon *Armide*, aux conditions cependant que je vous ai marquées dans ma précédente lettre, et dont les essentielles, je vous le répète, sont qu'on me donnera au moins deux mois, quand je serai à Paris, pour former mes acteurs et actrices; que je serai maitre de faire autant de répétitions que je croirai nécessaires; qu'on ne laissera doubler aucun rôle, et qu'on tiendra un autre opéra tout prêt en cas que quelque acteur ou actrice soit incommodé. Voilà mes conditions, sans lesquelles je garderai l'*Armide* pour mon plaisir. J'en ai fait la musique de manière qu'elle ne vieillira pas si tôt. »

. . . .

Malgré cette lettre, dont nous ne citons qu'un fragment, le poëme de *Roland* resta dans les mains de Piccini. L'*Armide* n'en fut pas moins donnée en 1777, et, en dépit de la savante critique de la Harpe, accueillie avec l'enthousiasme que devait inspirer un pareil chef-d'œuvre. Gluck resta encore trois ou quatre ans en France; après quoi, chargé de gloire et de richesses, il se retira à Vienne, pour y jouir tranquillement de l'admiration de l'Europe. Il mourut vers 1791. C'était l'époque où commencèrent les malheurs de sa protectrice Marie-Antoinette. On croit que le chagrin qu'il en ressentit hâta sa mort. Il avait soixante et un ans lorsqu'il donna l'*Armide*. Il nous laissait pour le continuer les compositeurs auxquels nous avons dû l'*Œdipe* et les *Danaïdes*; car c'était alors la belle époque et ce qu'on a appelé le siècle de Louis XIV de la musique. Tous les arts ont leur moment de progrès, leur moment de perfection et de décadence. Nous ne savons si ce dernier moment est arrivé pour la musique; ce que nous savons, c'est que c'était le temps où, sans parler de Gluck, se sont rencontrés les Piccini, les Sacchini, les Salieri, les Haydn et les Mozart, etc., etc., dans un espace de vingt ans au plus. C'est l'époque où fut créé le *Don Juan*, cette merveille inouïe, ce dernier effort du génie humain dans les arts. La gloire de Gluck est d'avoir été le fondateur de la musique française; car sa musique n'a ni le caractère qu'on attribue exclusivement à la musique italienne, ni celui qu'on prête à la musique allemande. Sans se plaire comme celle-ci dans les abstractions de l'harmonie, elle rejette les formes mélodiques de celle-là, et leur est cependant supérieure à toutes deux, ayant su rendre avec un accent de vérité dont elles n'approchent pas le langage de ces passions humaines qui ne sont ni italiennes ni allemandes, mais qui sont de tous les temps et de tous les pays. D'un autre côté, il y a une musique française, quoi qu'on en ait dit. Ce qu'on peut reprocher seulement aux Français, c'est que cette musique ce n'est pas eux en général qui l'ont composée : ce sont des Italiens ou des Allemands. Mais c'est pour la France qu'elle a été faite, c'est suivant son goût et son esprit qu'ont travaillé ces Italiens et ces Allemands; c'est en se conformant aux règles de sa poétique théâtrale, et en abdiquant pour ainsi dire leur nationalité à son profit. Leurs chefs-d'œuvre lui appartiennent donc, et elle peut les revendiquer à bon droit comme lui étant propres. Qui pouvait engager tous ces artistes déjà si fameux dans leur pays, et même en Europe, à venir, en quelque sorte, recommencer leur réputation à Paris, à l'exposer contre des applaudissements incertains, à changer le genre qui leur avait donné de si grands succès contre un genre tout nouveau, et pour lequel il fallait reprendre des études qu'on ne consent guère à faire qu'une fois dans sa vie? Quel était donc leur motif, si ce n'est qu'ils trouvaient dans ce nouveau genre une source de beautés infiniment plus grandes, plus universelles, plus durables, plus propres à prolonger leur souvenir et assurer leur gloire contre le temps? Telle est la cause qui les y a tous attirés depuis Gluck jusqu'à Rossini. C'est cette cause qui a produit le *Guillaume Tell*, comme elle avait produit les *Iphigénies*; Guillaume Tell, cette œuvre aussi française que les premières, ayant été composée dans les mêmes principes et dans le même but. Refuser à ces ouvrages le caractère de compositions nationales, ce serait, qu'on nous pardonne la comparaison, refuser d'admettre parmi les tableaux de notre école l'œuvre d'un de nos compatriotes, par cette raison que l'artiste aurait fait venir d'Italie la toile et les pinceaux dont il s'est servi.

Les opéras de Gluck, de Piccini, de Sacchini et de Salieri soutinrent le répertoire pendant près de quarante ans, depuis 1780 jusqu'en 1820. Nous en exceptons l'époque de la révolution, pendant laquelle ils furent bannis de la scène. On ne voulait pas plus du roi Agamemnon à l'Opéra que de tout autre roi ailleurs. Puis l'orchestre et les chœurs de l'Opéra n'étaient guère occupés qu'à exécuter des hymnes en l'honneur de *l'Être Suprême*, de Marat, ou de la déesse de la Raison, si bien faits pour être adorés avec l'Être Suprême. Sous le Directoire et l'Empire on reprit les anciens opéras. Il n'y eut à cette époque qu'un grand succès, c'est celui de *la Vestale*. Cette belle œuvre a marqué la transition entre Gluck et Rossini. C'est en 1820 que celui-ci a commencé à renverser les anciennes idoles pour y substituer sa statue. On sait quelle a été la révolution opérée par lui, et quelles discussions se sont émues à son sujet. Cette révolution s'est passée sous nos yeux; ceux qui en ont été les témoins ou les acteurs existent encore. On comprendra donc que nous nous abstenions. Notre tâche s'arrête ici. D'ailleurs, les ouvrages du maître ne sont pas encore classés au rang des œuvres appartenant à l'histoire, dans l'art de la musique. Le temps n'a pas encore prononcé son arrêt définitif. Il n'a pas dit quelle place devait occuper Rossini parmi ces grandes gloires dont les noms sont revenus si souvent dans le cours de ce travail. Il ne convient pas de devancer le jugement de l'avenir. Quelle que soit cette place, ce sera toujours celle d'un des plus brillants, des plus féconds et des plus heureux génies qui aient charmé le monde. On nous reprochera peut-être de nous être écarté du sujet de cet article, lequel comprenait l'opéra en général, et non l'Académie royale de Musique. Mais on remarquera que dans le cadre adopté par nous il a été bien plus question du genre proprement dit que de l'Académie royale de Musique en elle-même, et considérée comme un établissement particulier dont nous aurions eu à faire l'histoire. Cette histoire, c'est à l'article THÉATRE que nous comptons nous en occuper d'une manière spéciale. Nous donnerons, soit sur la constitution administrative de l'Opéra aux différentes époques, soit sur les dépenses occasionnées par ce spectacle, sur les améliorations qui y ont été introduites graduellement, sur les talents des artistes qui s'y sont illustrés, le nombre de ceux qui composaient les chœurs et l'orchestre, etc., etc., tous les détails qui n'ont pas pu ni dû entrer ici. Quant aux ouvrages dont nous avons parlé, il ne nous était guère possible d'en citer un plus grand nombre. Qu'on veuille bien réfléchir que dès la moitié du dix-septième siècle il y avait déjà eu, en Italie et en Allemagne, plus de dix mille opéras représentés. Or, ce n'était que le commencement de l'art. Un volume ne suffirait pas pour indiquer le titre de tous les opéras joués depuis cette époque, et nous ne voyons pas d'ailleurs quel avantage le lecteur aurait pu tirer d'une pareille nomenclature. Ce que nous avons voulu, c'était donner non-seulement une idée de l'opéra, mais de tous les genres d'opéras, et des principes qui dans l'esprit des plus grands artistes ont présidé à la composition de leurs ouvrages. Nous croyons y avoir réussi, grâce aux documents que nous avons cités, documents précieux en ce qu'ils sont émanés de tant de maîtres et forment en quelque sorte la poétique complète du drame lyrique. Il nous a paru qu'on pourrait aisément, par leur lecture, arriver à ces idées générales que recherchent les gens du monde et que la science elle-même a bonne grâce à ne pas dédaigner.

Extrait de l'*Encyclopédie moderne*, t. XXII, col. 429 à 488.

PARIS — TYPOGRAPHIE DE FIRMIN DIDOT FRÈRES, RUE JACOB, 56.

www.ingramcontent.com/pod-product-compliance
Lightning Source LLC
Chambersburg PA
CBHW060605050426
42451CB00011B/2097